ÉLOGE DE TURGOT.

—◦❊◦—

PARIS. — IMPRIMERIE DE FAIN ET THUNOT,
Rue Racine, 28, près de l'Odéon.

—◦❊◦—

Académie Française.

ÉLOGE
DE TURGOT.

DISCOURS

QUI A OBTENU LA PREMIÈRE MENTION

DANS LA SÉANCE DU 10 SEPTEMBRE 1846,

PAR A. BOUCHOT,

ANCIEN ÉLÈVE DE L'ÉCOLE NORMALE,

PROFESSEUR D'HISTOIRE AU COLLÉGE ROYAL DE VERSAILLES.

> Ce sont les faits qui louent.
> LA BRUYÈRE.

PARIS.

JOUBERT, LIBRAIRE DE LA COUR DE CASSATION,

RUE DES GRÈS, 14, PRÈS DE L'ÉCOLE DE DROIT.

1846

ÉLOGE DE TURGOT.

Lorsque se prépare pour un peuple une de ces crises redoutables que l'on nomme révolutions, il est rare qu'un homme ne se présente pas, qui, doué d'un grand cœur et d'un beau génie, entreprend de conjurer les malheurs qu'il pressent, et de concilier le passé et l'avenir avant que les passions des partis se soient éveillées complétement et viennent imposer pour longtemps silence à la justice et à la raison. Il semble que la divine Providence, prenant en pitié les hommes, veuille ainsi leur rappeler d'une manière plus saisissante, avant le combat, les devoirs que leur fraternité leur impose. L'histoire de tous les siècles est là pour l'attester : mais l'expérience d'autrui ne nous instruit guère, et les peuples, sourds aux enseignements qu'elle leur donne, refusent le plus souvent d'écouter ces nobles médiateurs qui

ne laissent d'abord d'autre trace de leur passage que le sou-
venir d'une grande, mais impuissante vertu. Bientôt même
leur nom s'obscurcit et la gloire, qu'ils n'ont d'ailleurs pas
recherchée, ne vient que rarement s'attacher à leur mémoire.
Et cependant, qu'arrive-t-il d'ordinaire ? c'est que les peuples qui les ont méconnus atteignent enfin, à travers les
malheurs et les crimes, le but que ces génies bienfaisants
leur avaient marqué dèsle commencement.

Tel fut, pour ne parler que de la France, le sort de
l'Hospital au xvi⁰ siècle ; tel fut, au xviii⁰, celui de Turgot.
Tous deux demandèrent à leurs contemporains des concessions nécessaires : l'Hospital la tolérance, Turgot des
réformes politiques. Tous deux plaidèrent la cause de la
justice et de la prudence même. Ils échouèrent tous deux,
et l'histoire, au lieu de raconter leurs bienfaits, est réduite
au récit de leurs efforts. L'Hospital seul tolérant, seul mo-
déré dans des temps de violence et de fanatisme, hâta les
maux qu'il s'efforçait d'écarter et mourut de douleur le
lendemain de la Saint-Barthélemi. Turgot, chef d'un parti
nombreux, mais sans puissance, ne fit que passer aux
affaires et vit du fond de sa retraite le peu de bien qu'il avait
obtenu détruit et la révolution s'avançant à grands pas.
Pourtant de l'Hospital naquirent les politiques et les guerres
de religion aboutirent après trente-huit ans, par l'édit de
Nantes, au triomphe de ses idées : la révolution opéra violemment les réformes conseillées par Turgot.

Pour nous, en déplorant l'impuissance de ces grands
citoyens et l'aveuglement des hommes, cherchons quelque
consolation à tant de maux dans l'étude attentive et dans
la contemplation de ces âmes généreuses. Mais, enfants
d'un siècle agité et laborieux, faisons en sorte que notre
admiration pour elles ne soit pas stérile : prouvons que
nous les adorons réellement, soit en les imitant dans l'occasion ; soit, si la force nous manque pour une telle émula-

tion, en profitant désormais de si hautes et si salutaires
leçons.

Le nom de l'Hospital brille depuis longtemps de toute sa
gloire. Négligé d'abord par ses contemporains, et ensuite
par le siècle paisible de Louis XIV, le premier apôtre et le
plus illustre martyr de la tolérance, dans notre pays, ne
pouvait manquer d'avoir tout le XVIIIe siècle pour pané-
gyriste ; et, de nos jours, une voix éloquente a fait de lu
le plus décisif éloge en racontant sa vie. Turgot attendait
encore les hommages de la postérité, et sa mémoire n'avait
pu trouver place au milieu du fracas des révolutions et des
armes. Mais le temps semble enfin venir où les hommes
n'admireront pas moins ceux qui les ont servis que ceux
qui les ont étonnés ; et l'Académie française, en tirant cette
gloire paisible du demi-jour où elle était demeurée depuis
soixante ans, en la désignant par un éloge public à l'admiration de tous, a voulu sans doute favoriser cet heureux
penchant de notre siècle. A combien d'égards, en effet,
Turgot mérite-t-il l'attention et l'estime d'une époque telle
que la nôtre ! Ce n'est pas seulement au philosophe, au
savant, au publiciste, à l'homme d'État que sa glorieuse
histoire présente un sujet fécond de méditations et d'utiles
exemples : elle s'adresse en même temps à la nation tout
entière qui peut reconnaître en lui l'un de ses plus zélés
bienfaiteurs et saluer, en son ministère, l'aurore des jours
meilleurs. Ajoutons que l'éloge de Turgot emprunte un
autre intérêt à l'époque même qui le produisit, puisqu'il naquit et vécut au milieu de ce vaste mouvement d'idées d'où
sortit bientôt après lui la révolution ; et qu'il est doux enfin
d'évoquer cette pure et sereine image en présence des
catastrophes qui devaient en suivre de si près l'apparition.

Mais nous ne pourrions apprécier exactement ni toute
la vertu de Turgot, ni la valeur et l'étendue de ses réformes,

si nous ne connaissions d'abord l'état de la France au moment où il conçut la pensée de la régénérer. Quelle était
donc la situation de notre pays un peu après la première
moitié du xviiiᵉ siècle ?

Au dehors la France du xviiiᵉ siècle n'était plus cette
France de Richelieu et de Louis XIV, qui, après avoir tour
à tour défendu et renversé l'équilibre européen, avait vaincu,
puis balancé l'Europe coalisée. La prépondérance avait
échappé de ses mains sans qu'elle essayât de la ressaisir,
ni même d'empêcher qu'elle passât à un autre peuple.
L'Angleterre tenait sans crainte la clé de la mer *qui est celle
du monde*, tandis que la Prusse et la Russie grandissaient
impunément et que l'Autriche reflorissait sous Marie-Thé-
rèse. Parmi toutes ces puissances, notre politique autrefois
si ferme, si constante, allait de l'une à l'autre sans jamais se
fixer : tantôt unie à l'Angleterre contre l'Espagne pour l'aider
à ruiner la seule marine qui lui fît ombrage et pour relever
les Pyrénées si laborieusement aplanies ; tantôt à l'Espagne
contre l'Angleterre, à la Prusse contre l'Autriche, enfin à l'Autriche même contre la Prusse. La France qui avait langui sous
Fleury décroissait sous ses successeurs, et de toute sa gloire
extérieure notre pays ne conservait plus que cette suprématie
intellectuelle qu'il avait su se créer sans son gouvernement
et même malgré lui. Or, quelles que fussent les douceurs
de cette prépondérance morale, elles ne suffisaient pas pour
le consoler du contraste qu'un tel abaissement offrait avec
les triomphes du siècle passé. Cette douleur, que l'on a niée
parce qu'elle n'éclatait encore qu'en couplets et en épi-
grammes, les écrits du temps, les lettres surtout, nous la
révèlent timidement, mais à chaque pas ; et le cosmopoli-
tisme même que professaient les esprits les plus distingués
de cette époque, n'est pas à nos yeux la preuve la moins
convaincante de cette douleur. Qui aurait songé sous
Louis XIV à se détacher de la France pour se faire citoyen

d'une patrie intellectuelle qui ne tenait compte ni de l'espace ni du temps? Sous Louis XV on fut cosmopolite surtout parce qu'il n'était plus glorieux d'être français.

Cette décadence ne s'expliquait que trop par l'état intérieur du pays.

Il est aujourd'hui peu d'historiens qui ne reconnaissent que le triomphe de la monarchie fut pour la France un progrès et un bonheur. Il est du moins certain que nos pères applaudirent à l'établissement d'un système qui leur donnait à la fois la tranquillité et la gloire, et qu'à la vue de cette splendeur toute nouvelle, ceux même qui avaient nourri quelque temps la pensée de fonder sur les ruines du moyen âge non le despotisme royal, mais la liberté, se hâtèrent d'abjurer leurs espérances ou les ajournèrent indéfiniment. Cependant, alors même, tout n'avait pas été terminé. L'unité politique était établie, le roi était l'État, la noblesse se voyait réduite à n'être plus que l'auréole du trône, et les parlements étaient muets, tandis que le clergé proclamait dans toutes ses chaires le droit divin des rois. Mais la féodalité, abattue dans la politique, n'avait pas cessé de dominer dans la vie civile, ainsi que dans les mœurs : et les peuples pressaient la royauté victorieuse d'assurer leur bonheur et d'affermir son propre triomphe par l'entière destruction du moyen-âge. Louis XIV n'avait pas dédaigné ces prières, et son règne avait mérité quelque temps que Saint-Simon le qualifiât *de règne de vile bourgeoisie :* mais cette nouvelle lutte, qui trop souvent n'avait eu entre ses mains d'autre but que de compléter le despotisme royal, avait été interrompue par la mort de Colbert et par les malheurs qui attristèrent la fin d'une période si longtemps heureuse. Depuis Louis XIV on n'avait pas même songé à la reprendre ; de sorte que les peuples se trouvaient placés entre deux oppressions, le despotisme royal et la féodalité imparfaitement détruite. Aussi leurs maux n'avaient-ils cessé de s'aggraver et, vers le milieu du xviiie siècle, ils menaçaient de devenir insupportables. Ce n'était plus seulement l'esprit français qui avait à défendre les droits de la raison contre les rigueurs de l'intolérance; toutes les parties de l'administration réclamaient des réformes promptes et radicales. En effet, tandis que la justice et la procédure attendaient des changements qui les missent un peu mieux en rapport avec les lumières du siècle, et l'armée une organisation nouvelle dont des revers inouïs allaient n'attester que trop la nécessité, les finances compromises par Louis XIV, bouleversées par Law, épuisées par des guerres malheureuses et par des profusions insensées, semblaient réduites à un état presque désespéré, et le gouffre où la monarchie devait enfin s'abîmer s'agrandissait chaque jour. Cependant, les sources mêmes de la richesse ne cessaient de se tarir ; car l'industrie et le commerce, ruinés par les monopoles, par les règlements, par les mauvais impôts, ne pouvaient plus soutenir la concurrence étrangère, et l'agriculture elle-même, cette *mamelle de la France*, était tombée dans une telle décadence, qu'elle ne suffisait plus à la nourriture de ses habitants, et que ce beau pays était désolé par des famines presque périodiques. En un mot, l'honneur et les intérêts de la France se trouvaient également compromis ; et elle redemandait en même temps sa gloire et sa prospérité perdues.

Mais le gouvernement demeurait impassible. La science de gouverner semblait pour lui réduite à l'art d'arracher aux peuples le plus d'argent possible; toute réforme était traitée de chimère, et le ministre le plus habile n'était plus que le plus fécond en expédients de finances. Ajoutons que depuis quelques années le despotisme n'avait plus même conservé cette force qui en est l'essence ; qu'il achevait de manifester son impuissance par une faiblesse déplorable à l'égard des factions qui osaient

à ses yeux se disputer l'autorité, et que la France endurait
à la fois les maux du despotisme et de l'anarchie.

Tel est, en quelques mots, le tableau de la France vers
le milieu du xviiiᵉ siècle : tableau si sombre qu'il semble-
rait une déclamation s'il ne ressortait des faits eux-mêmes.
Faudra-t-il en conclure qu'une révolution complète fût dès
lors inévitable, que nulle prudence humaine ne la pût conjurer, que ceux enfin qui, comme Turgot, crurent à la pos-
sibilité d'une transaction, ne fussent que de généreux
idéologues ? Nous ne saurions, pour nous, admettre ce
fatalisme historique que la bonté de la Providence et
l'examen de ces temps semblent également refuser. L'on
ne peut nier que dès lors le mécontentement des peuples ne
fût aussi profond que légitime, et que la royauté même n'eût
déjà perdu, dans ce déclin de tous les pouvoirs, et entre
les mains de Louis XV, une partie de son ancien prestige
et des respects accoutumés. Mais, à vrai dire, il n'y avait
encore dans tout cela rien de bien grave ; et tandis que
quelques savants entreprenaient, au nom des privilégiés,
de faire à la royauté son procès, de vérifier ses titres à la
toute puissance, la masse de la nation continuait à tourner
vers elle tous ses regards, comme vers son unique espérance et vers la source naturelle des biens qu'elle souhaitait.
Il lui suffisait de reprendre contre le moyen âge sa lutte
interrompue, et de renouer avec le tiers état cette vieille et
féconde alliance qui avait été si profitable à tous deux. Moins
forte elle-même, et soutenue par un allié moins puissant,
elle avait renversé la grande féodalité des siècles passés : ne
pouvait-elle réduire à quelques concessions nécessaires des
privilégiés dès longtemps façonnés à l'obéissance, et les
contraindre, par son exemple, à se sauver eux-mêmes ?
Loin de s'affaiblir, la royauté eût sans doute retrouvé dans
la reconnaissance des peuples la force que ses fautes et son
inaction lui enlevaient chaque jour. Et puis, ne fallait-il

pas éviter à tout prix d'accélérer par de nouveaux griefs la marche si rapide des idées, et d'obliger la nation à ne plus considérer son gouvernement que comme un obstacle au bien : de peur que, lassée d'attendre, elle n'en vînt à faire ses affaires elle-même, et à se passer d'un pouvoir inintelligent qui n'aurait voulu entendre ni ses plaintes ni ses supplications.

Cette régénération de la France par la royauté semblait d'autant moins impossible, qu'en l'invoquant les peuples n'offraient plus seulement à leurs chefs leurs vœux et leur assistance, mais jusqu'aux remèdes mêmes de leurs maux, et qu'ils en demandaient l'application avec une pleine confiance dans leur efficacité. Il ne s'agissait que de les prendre de leurs mains, et de s'en servir avec prudence ; il ne s'agissait que de ne pas demeurer immobile et routinier au milieu d'une nation active et novatrice ; de ne pas décroître à mesure qu'elle grandissait ; de ne pas demeurer en arrière du siècle que l'on devait conduire, en consentant à recevoir de lui l'impulsion qu'on n'avait pas su lui donner.

En effet, tout changeait depuis longtemps autour de ce pouvoir immuable.

Le gouvernement de Louis XIV n'avait pas dominé moins souverainement sur les intelligences que sur les choses, et l'on avait eu, durant un demi-siècle, le spectacle inouï de tout un grand peuple écrivant et parlant comme un seul homme. Mais cette unité factice ne pouvait durer, et le xviii⁰ siècle avait repris l'indépendance du xvi⁰. Seulement, la nouvelle réforme, au lieu de se renfermer dans l'examen de quelques questions religieuses, n'avait pas tardé à embrasser, dans son audacieuse critique, la plupart des croyances dominantes, et n'avait tendu à rien moins qu'à ouvrir une voie toute nouvelle à l'esprit humain. Ce grand mouvement d'idées, désigné sous le nom de philosophie, avait rempli tout le commencement du siècle, et les

doctrines qui en étaient nées, propagées par les plus beaux
esprits du temps, s'étaient répandues avec une merveilleuse promptitude. La France, qui en avait eu l'initiative,
et qui régnait par elles sur l'Europe, en était surtout pro-
fondément imprégnée, et un succès si rapide prouvait évi-
demment qu'elles répondaient à quelque besoin réel de la
nation. La philosophie était donc une puissance nouvelle,
une force morale dont il devenait indispensable de tenir
compte, et qui pouvait sans doute, entre des mains habiles, rendre de grands services, puisqu'à des opinions
incertaines, à des erreurs manifestes, à des écarts déplo-
rables, l'esprit nouveau mêlait d'incontestables vérités et
l'apologie de la tolérance. Tout au moins, ne pouvait-on,
à ce qu'il semble, demeurer indifférent, et il fallait, ou
faire sa part à la philosophie, ou l'étouffer s'il était possible.
Mais le gouvernement de Louis XV n'avait ni cette justice
ni cette énergie : et le clergé lui-même, occupé de que-
relles mesquines, tandis que toute la religion était en péril,
ne s'en détachait que pour obtenir de temps en temps quelques persécutions qui, mal dirigées et dépourvues même
de l'excuse du fanatisme, devenaient un argument nouveau
et populaire en faveur de la tolérance.

Mais la tolérance n'est jamais qu'un besoin de minorité,
et les souffrances les plus pressantes étaient celles que tous
pouvaient ressentir. Elles semblaient trouver aussi leur remède dans les progrès du siècle.

La philosophie du xviiie siècle n'avait jamais été abstraite
et spéculatrice, comme celle de Descartes, de Leibnitz,
de Spinosa. Née d'un esprit de réaction contre tout le gouvernement de Louis XIV, d'une pensée d'opposition, elle
avait toujours conservé l'empreinte de son origine, et ne
se renfermait pas dans les luttes paisibles de l'intelligence
et de la science pure. De là ce mélange d'idées sociales et
de spéculations qui avait fait en partie la fortune des doc-

trines nouvelles : beaucoup se trouvèrent philosophes parce qu'ils étaient mécontents, comme beaucoup devinrent libéraux parce qu'ils étaient philosophes.

Bientôt même, de ce caractère distinctif de la philosophie française, était sortie une science qui, prenant à part et formulant les idées sociales éparses dans la philosophie, se partagea pour ainsi dire l'homme avec elle, et sous le nom d'Économie politique, aspira à rendre heureux et meilleurs ceux que celle-là prétendait éclairer. C'est le second âge et la transformation de la philosophie : déjà les théories ne suffisaient plus ; l'on cessait de se résigner et de dire que tout est pour le mieux ; le temps semblait enfin venu d'agir, et de reconstruire après avoir tant détruit.

Une science, qui, déclarant *que le monde en est à son enfance en fait de gouvernement*, venait tout à coup ériger en art la politique, et proclamer que *l'organisation des sociétés est soumise à certaines lois qui décident de la richesse et du bonheur des peuples*, pouvait-elle manquer d'agréer à un siècle novateur dont la philanthropie était la religion ? Aussi, les doctrines économiques avaient à peine été émises par Quesnay et Gournay, que, malgré l'obscurité de leurs auteurs, on avait vu aussitôt se ranger autour d'elle une troupe nombreuse d'hommes ardents et habiles qui n'hésitèrent pas à se faire les apôtres de la science naissante, et qui se vouèrent à leur mission avec cette foi naïve qu'eut toujours en ses propres lumières cette génération sceptique. D'abord hostiles à une école qui venait partager avec eux l'attention des peuples, les philosophes n'avaient pas tardé à reconnaître en elle leur postérité ; et dès lors les théories nouvelles s'étaient répandues dans le public avec une singulière rapidité. Les économistes, en effet, en même temps qu'ils attaquaient avec précision un mal que tous ressentaient confusément, annonçaient qu'ils en possédaient l'infaillible remède, et plaçaient, en présence d'un gouvernement réel et détesté, un gouvernement idéal qui devait sembler parfait par cela seul qu'il en était en tout point l'opposé. La nation, séduite par leurs promesses, ne doutait pas qu'elles ne fussent réalisables ; et tandis qu'elle s'y livrait avec une pleine confiance, chacun était devenu administrateur, comme en Angleterre chacun, avant la révolution, avait été théologien et homme d'État. Il semblait que la France se préparât instinctivement au gouvernement. La mode enfin, cette auxiliaire toujours calomniée et si souvent utile, était venue compléter le succès des idées nouvelles. Toute cette société du xviiie siècle, si élégante, si raffinée, qui semblait avoir si complétement oublié la nature et les champs, s'était sentie tout à coup saisie, sur la foi de l'économie, d'un amour indicible pour leurs douces et paisibles jouissances ; et les arts, en se mettant avec la poésie au service de cette passion soudaine, l'avaient encore irritée en embellissant quelque peu de leurs séductions l'objet qui l'avait inspirée.

Seul, le gouvernement échappait à l'engouement universel, et ne songeait pas plus à satisfaire les besoins matériels que les besoins moraux des peuples. Ignorant la distance qui sépare, en France, l'idée de l'acte, il s'obstinait à considérer les économistes comme des idéologues inoffensifs qui rêvaient une nouvelle Salente, et Louis XV avait imprimé lui-même, dans son palais de Versailles, le livre de *son penseur* sans en comprendre l'épigraphe : pauvres paysans, pauvre royaume ; pauvre royaume, pauvre roi. L'incontestable penchant des économistes vers l'absolutisme avait achevé de rassurer le pouvoir, qui accordait sans peine contre lui-même à leurs doctrines ce *laissez faire, laissez passer* qu'il refusait, pour son bien, à l'agriculture et à l'industrie.

Ainsi, la France demandait en vain un soulagement à ses maux. Ses idées, stériles pour elle-même, n'étaient encore fécondes que pour les étrangers, et elle rougissait de se voir retenue en arrière des peuples qu'elle devançait d'ailleurs de si loin, et qu'elle éclairait de son génie.

Mais parmi tant d'esprits distingués qui rêvaient la régénération de la France, devait-il s'en trouver un seul qui songeât à l'entreprendre, et qui se flattât de faire passer dans les faits la révolution qui s'était opérée dans les idées, au lieu de laisser au temps le soin d'assurer l'inévitable triomphe des doctrines auxquelles le bonheur du pays paraissait attaché? Seul, Turgot l'osa; seul, il eut la foi qui agit. C'est que sans doute cet esprit prophétique, qui lui faisait pressentir dès 1750 l'indépendance de toute l'Amérique, lui faisait entrevoir plus clairement encore pour son pays les bouleversements de l'avenir, et que, comprenant dès lors pour le pouvoir l'alternative d'une transformation ou d'une ruine, il ne put s'empêcher de tenter quelque effort pour épargner à la France la cruelle ressource des révolutions, et pour assurer à la vérité une victoire pacifique. Si l'ambition eut part à cette résolution, ce fut certainement la plus noble, et celle que tous les peuples doivent souhaiter à leurs chefs, puisqu'elle sembla n'avoir jamais en vue que la gloire d'être utile et de devenir l'instrument du bonheur public.

Turgot semblait d'ailleurs plus que tout autre prédestiné à cette glorieuse entreprise. Il appartenait par sa naissance à l'une de ces familles antiques qui s'étaient faites bourgeoises pour devenir les bienfaitrices du peuple, et il avait grandi dans la maison paternelle parmi ces exemples domestiques de vertu et de courage qui exercent sur les âmes généreuses une influence décisive. Il ne fit que suivre, en les élargissant, les traditions de ses ancêtres, et se jeta entre les partis qu'il voyait prêts à déchirer la France, comme son père, prévôt de Paris, s'était jeté un jour entre deux régiments qui s'entr'égorgeaient.

Mais c'était peu, pour une œuvre si difficile, que tout ce grand cœur, et que la belle intelligence qu'il avait reçue de la nature. Turgot ne s'y trouvait pas moins bien préparé par des travaux assidus auxquels son esprit dut une maturité précoce, et son caractère cette gravité qui sied si bien à la jeunesse, parce qu'elle n'exclut en elle ni la douceur ni l'enjouement, qui naissent toujours de la pureté de l'âme et de l'ignorance de la vie.

Dans un siècle où Voltaire était à lui seul toute une littérature, où l'auteur du Contrat social composait un traité sur la botanique et des opéras comiques, où la main qui avait tracé l'Esprit des Lois ne dédaignait pas d'écrire des romans et de petits vers, les esprits supérieurs se spécialisaient rarement. Ambition commune à toutes les époques de grande révolution intellectuelle, parce qu'au milieu du doute universel, qui en est à la fois la maladie et la gloire, les sciences diverses sortent tout à coup des limites arbitraires que les hommes leur ont assignées, et que jamais n'éclate d'une manière plus manifeste la fraternité des connaissances humaines. Cependant, alors même et dès sa jeunesse, Turgot se distingua par son universalité.

La littérature n'avait pas cessé d'être la passion de ce siècle raisonneur : elle reçut les premiers hommages de Turgot, et il sembla d'abord qu'elle dût le posséder tout entier. Avouons-le cependant et sans crainte, puisqu'il n'a été donné à personne d'exceller en toutes choses, peut-être eut-il pour les lettres plus de goût que de talent. Polyglotte, grammairien, traducteur, poëte même, et poëte loué par Voltaire, montra-t-il alors, montra-t-il jamais ces facultés d'artiste, ces grâces de l'imagination sans lesquelles il n'est pas de littérateur? et ne sembla-t-il pas, au contraire, né pour être cet homme modeste dont parle Fénelon, qui ne se sert de la parole que comme d'un vêtement? Lacune regrettable dans une intelligence si belle, et à une époque où l'art n'était plus guère qu'une forme , mais une forme nécessaire de la raison.

La philosophie , avec tout le cortége de sciences qui en dépendent, ne pouvait, en revanche, manquer de convenir à un esprit dont les qualités dominantes étaient la vigueur et la pénétration. Il s'y distingua bientôt au point de réfuter, dès vingt ans et avec un égal bonheur, la théorie de Berkeley sur l'existence en corps, celle de Maupertuis sur l'origine des langues, celle même de Buffon sur la terre. Mais si les idées nouvelles trouvèrent promptement en lui un zélé partisan, s'il vécut dans la société des philosophes , s'il apporta sa pierre au grand édifice de l'Encyclopédie, ce fut sans s'attacher à aucune école, sans s'enfermer dans aucune secte ; car, dès lors, il n'aimait pas plus les sectes dans la science qu'il n'aima plus tard les castes dans la politique et les corporations dans l'industrie. Penseur solitaire , il sut conserver toute sa liberté, prêt à recevoir la vérité de toutes les mains, mais disposé surtout à la rechercher en lui-même et convaincu qu'il n'est pas de meilleur moyen de la découvrir que de la poursuivre avec une ardeur constante et un désintéressement absolu. Heureuse indépendance qui lui permit d'éviter les écarts des autres philosophes , de distinguer le christianisme et l'intolérance , et de concilier heureusement sa croyance à la perfectibilité indéfinie des hommes avec le respect et la reconnaissance que le genre humain devra toujours à cette religion sublime qui apporta la première au monde le dogme de l'égalité et de l'amour !

Cependant les sciences politiques semblaient avoir pour Turgot un attrait particulier : soit que telle fût la pente de son esprit, soit qu'un ardent amour pour ses semblables le poussât instinctivement vers les études qui pouvaient leur devenir le plus utiles. De là, cette géographie politique, si remplie d'idées neuves et pratiques, qu'il écrivit à dix-neuf ans ; de là, bientôt après, ces deux plans de discours sur l'histoire universelle qui, conçus à un tout autre point de vue que celui de Bossuet, ne devaient être rien moins que la biographie complète de l'humanité, afin de rechercher dans tout son passé les moyens de satisfaire ses besoins présents ; de là, surtout, ce célèbre mémoire sur le papier-monnaie qui, devançant de deux ans l'Économie politique, contenait, dès 1749, outre une réfutation victorieuse des utopies de Law, une théorie aussi juste que nouvelle sur le crédit public et sur le véritable usage des monnaies.

C'est alors que l'apparition de l'Économie surprenant Turgot au milieu de ces vastes études, vint lui fixer sa route et décider ses tendances.

Nous n'avons fait qu'indiquer l'origine et la rapide popularité de cette science ; peut-être est-il nécessaire d'exposer ici en quelques mots des doctrines qui exercèrent une influence si marquée sur Turgot et sur tout l'avenir de notre pays.

Le système mercantile n'avait pas cessé de dominer en France. L'on s'obstinait à y considérer les métaux comme la seule richesse des nations ; et l'unique moyen de s'en procurer semblait être, à défaut des mines, une industrie puissante qui fournissant aux peuples étrangers plus qu'elle ne leur empruntait, importât aussi plus d'or qu'elle n'en exportait. L'exemple de l'Espagne appauvrie par ses trésors, la ruine de l'agriculture opprimée depuis cent ans en France au nom des manufacturiers, et la décadence croissante de l'industrie elle-même qu'accablaient, sous le nom de protection, des douanes, des monopoles, des règlements de toute espèce, n'avaient encore pu dissiper cette illusion. C'est en vain que, durant les dernières années de Louis XIV, quelques voix généreuses avaient osé s'élever en faveur du peuple contre les résultats de ce système : les efforts de Boisguillebert et de Vauban n'avaient produit que des persécutions ; et depuis , les témérités de Law, suivies de bouleversements si terribles, paraissaient avoir ramené pour toujours le pouvoir à la timidité et à la routine lorsque l'Économie vint tout à coup contredire toutes les idées qui présidaient à l'administration.

A l'or et à l'industrie , la science nouvelle substituait la terre comme source de la richesse. Tout, disait-elle, naît de la terre ; seule elle couvre les frais de production , nourrit les travailleurs et donne en plus un excédant , car la nature ne marchande pas avec l'homme pour le contraindre à se contenter du nécessaire. Cet excédant, que les économistes nommaient rente ou *produit net*, formait seul toute la richesse des nations, seul il avait rendu possible l'établissement des sociétés et la civilisation même, puisque les hommes eussent été condamnés à une barbarie éternelle par l'obligation de disputer à la terre leur subsistance de chaque jour. Aussi , quel respect , quelle reconnaissance pour l'agriculture ! Écoutons l'Ami des hommes : C'est d'après elle qu'il faut apprécier la stable et solide prospérité des États ; le reste n'est qu'une apparence. Un grand royanme, semblable à l'Antée de la Fable , étouffe sitôt qu'il ne touche pas à la terre. Et plus loin : Nous avons eu de grands rois et tous guerriers ; je ne sais que le titre de rois pasteurs qui puisse distinguer nos maîtres futurs. L'industrie , au contraire , ne produit pas de richesses : elle transforme le superflu de la production ; elle incorpore son travail à la matière ; elle en augmente même la valeur en en prolongeant la durée et nourrit les travailleurs , mais rien de plus. Elle n'est que la subalterne et la salariée de l'agriculture ; elle est nécessaire, mais stérile. L'exemple de quelques particuliers , de quelques États même enrichis par elle ne prouve rien, et leur prospérité n'est qu'un accident. Enfin , dit encore le marquis de Mirabeau avec ce tour d'esprit original. qui

rend si piquante la lecture de ses ouvrages : l'État est un
arbre : les racines sont l'agriculture, le tronc est la popu-
lation, les branches sont l'industrie, les feuilles le commerce
et les arts.

Mais il ne s'agissait pas, entre l'agriculture et l'industrie,
d'une vaine question de préséance, et l'Économie fondait
là-dessus une théorie nouvelle de l'impôt. Comment, en
effet, imposer l'industrie si elle ne produit que des salaires?
La terre, qui seule donne un superflu, peut seule aussi sub-
venir à l'entretien de la chose publique. Aussi bien, dans
l'état actuel, supportait-elle en effet, suivant les économistes, le poids de toutes les taxes, aggravées encore par
les frais d'une perception ruineuse. Tous les impôts indirects devaient donc disparaître, et l'impôt direct subsister
seul, comme un tribut offert par la propriété privée à la
propriété générale. Système soutenable peut-être, si, de-
meurant dans les abstractions de la science, on considérait le monde entier comme un seul État, mais qui, appli-
qué à un peuple particulier, enlevait au gouvernement une
grande partie de ses ressources, ruinait l'agriculture, sa-
crifiait les campagnes aux villes, et n'imposant que la terre
à une époque où elle était aux mains de l'aristocratie, n'é-
tait rien moins que l'exemption involontaire du tiers état,
et le déplacement, non la destruction, de l'immunité. Mais
cette erreur, qu'expliquait une pitié généreuse pour les
peuples, et une jalousie naturelle alors contre les possesseurs du sol, l'expérience seule pouvait la faire reconnaître.

Quant à la balance du commerce, que Ustariz proclamait encore en 1740 *le secret et la seule utilité du négoce*,
la science nouvelle ne la considérait que comme une prétention insoutenable de se suffire à soi-même, comme une
source de souffrances et de guerres, qui, pour être faites
à coups de tarifs, ne sont ni moins cruelles ni moins rui-
neuses que les guerres politiques. Enfin, loin de réclamer

2

pour l'agriculture cette protection exclusive dont l'État couvrait l'industrie, elle demandait pour toutes deux que l'on en revînt à la nature, c'est-à-dire à la liberté, plus féconde que la fécondité même, et que le travail cessât d'être un droit domanial pour devenir l'imprescriptible propriété de chacun. Les douanes, que Boisguillebert nommait la honte du genre humain; les corporations, dont Colbert lui-même avait fini par blâmer l'excès; les corvées, qui n'avaient pas même l'excuse de la légalité; en un mot, tous les monopoles, tous les règlements, toutes les prohibitions, étaient autant d'entraves qui empêchaient l'intérêt particulier de produire le bien général. C'est cette doctrine toute nouvelle que l'Économie résumait dans cette célèbre formule : *laissez faire, laissez passer* A la vue des maux qu'engendrait le despotisme, il semblait que l'on n'eût rien à craindre de la liberté.

C'est dans ces théories si nouvelles, mélange de vérités fécondes et d'erreurs que le temps pouvait corriger, que Turgot crut entrevoir pour les hommes le présage d'un avenir meilleur, et pour lui-même le moyen de satisfaire cette passion du bien dont son cœur était rempli. Dès lors, la littérature ne fut plus pour lui que le plus doux des délassements; il ne se livra plus qu'avec réserve à la philosophie et aux philosophes, et les sciences mêmes, cultivées dans un but tout pratique, devinrent à ses yeux une partie de l'Économie à laquelle il se livra, sans cet enthousiasme exalté qui discrédite les plus belles choses, mais avec ce zèle calme et soutenu que donnent une foi profonde et la conscience d'une noble cause. Aussi, les doctrines naissantes ne tardèrent pas à se développer entre ses mains, et bientôt il se trouva le chef de la nouvelle école, sans avoir ambitionné ce titre, mais en entraînant à sa suite tous les économistes par le seul ascendant d'une grande âme et d'un grand esprit. Les voyages qu'il fit alors à travers la France, dans la compagnie de Gournay, ne contribuèrent pas moins à accroître ses lumières et à fortifier son zèle ; car il acheva de s'y convaincre de la nécessité d'un prompt changement ; et, s'il eut à déplorer les souffrances des peuples, il put aussi se réjouir par la pensée de tout le bien qu'il pouvait faire, et par le spectacle des magnifiques ressources que présentait encore la France. C'est ainsi que Sully, dont les économistes se proclamaient les disciples, avait parcouru le royaume épuisé par quarante années de guerres civiles, avant de le relever de ses ruines.

Mais il fallait en même temps se frayer un chemin vers les hautes fonctions administratives. Destiné à l'Église par son père, Turgot n'avait pour cela qu'à suivre la carrière qui s'ouvrait devant lui : le crédit de sa famille pouvait facilement le conduire à l'un des évêchés qui unissaient aux soins de la religion le gouvernement d'une province. Mais Turgot n'était pas capable de faire à son ambition, ni même à ses théories, le sacrifice de ses croyances. Il rendit donc à la religion un hommage bien rare alors par le refus qu'il fit de se vouer sans vocation à l'état ecclésiastique ; et, changeant de route, il entra au parlement en 1752, à l'âge de vingt-cinq ans. Il y devint promptement, de substitut, conseiller, puis maître des requêtes, et, bien que les fonctions judiciaires et la jurisprudence du temps convinssent assez mal à la nature de son esprit, il se distingua par son zèle et par la délicatesse de sa justice. Mais ce qu'il importe surtout de remarquer ici, c'est qu'il puisa encore de grands enseignements dans le spectacle de tout ce qui se passait alors sous ses yeux. C'était l'époque où le parlement et le clergé semblaient ébranler à l'envi par des guerres ridicules, si elles n'eussent été sanglantes, un pouvoir qui devait les entraîner tous deux dans sa ruine. Il fut loisible à Turgot d'apprécier la compagnie dont il faisait partie : il apprit à reconnaître, avec tous les vices des lois et de la

procédure, avec tous les dangers que présente l'union de
la politique et de la justice, tout ce que pouvait l'égoïsme
d'un corps que beaucoup s'obstinaient à croire libéral
parce qu'il était factieux et ennemi se l'intolérance moli-
niste. Pour lui, calme et obéissant parmi tous ces magistrats passionnés et rebelles, il joua, sans se montrer, le
seul rôle qui fût digne de lui, celui d'expliqueur, et ne
désespéra pas de ramener la paix en fixant d'une manière
plus exacte la limite des devoirs et des droits de l'État en
matière de religion. Il entreprit donc de montrer au parlement que l'exercice de la religion n'est pas de son ressort ;
au clergé que la tolérance serait habile lors même qu'elle
ne serait pas souverainement juste ; au gouvernement qu'il
a pour mission le bonheur des hommes sur cette terre, et
que les consciences ne relèvent que d'elles-mêmes. Il ne
réussit pas cependant à calmer tant de passions : mais il
eut, du moins, le bonheur que le roi approuva ses idées,
et rétablit pour quelque temps la tranquillité en imposant
silence aux deux partis.

Enfin il se mit à l'œuvre en 1761. Soit conviction, soit
à titre d'essai, soit désir de rendre à l'opinion les caresses
qu'il recevait d'elle, le pouvoir semblait alors, entre les
mains de Choiseul, éprouver beaucoup moins d'éloigne-
ment pour les idées nouvelles : Turgot reçut de lui l'intendance de Limoges.

Il allait donc appliquer ses théories et leur faire subir
cette grande épreuve de la pratique ! Il allait donc s'essayer
sur un théâtre secondaire au bien qu'il méditait pour la
France, pour l'humanité ! Aussi, avec quel empressement
abandonna-t-il Paris, amis, obscurité. pour un exil
qu'embellissait à ses yeux l'espérance d'être utile. Il suffit
de parcourir les monuments si nombreux et si incomplets
de son administration pour reconnaître avec quelle ardeur
il embrassa ses fonctions ; quel courage minutieux, quelle

patience il déploya dans cette première lutte contre le mal. L'idéologue se trouva subitement administrateur.

Peu de Généralités pouvaient d'ailleurs fournir à son zèle une plus riche matière. Peu favorisées par la nature de leur sol et par leur position, les provinces confiées aux soins de Turgot avaient réussi cependant à se créer une certaine prospérité. Mais cette prospérité même leur avait été bientôt funeste, car le gouvernement n'avait pas tardé à en tarir la source par des exigences démesurées. Des circonstances malheureuses, telles que la guerre de sept ans et une suite de mauvaises années, étaient venues depuis compléter l'œuvre du pouvoir. Aussi, les manufactures languissaient, le commerce était assoupi, l'agriculture aussi inactive qu'arriérée, le découragement et la misère partout. Joignons à cela une dette considérable qui s'aggravait sans cesse par l'impossibilité d'acquitter même les contributions annuelles, et une ignorance qui semblait s'opposer à tout progrès. Turgot ne perdit pas un instant pour mettre son zèle au niveau des besoins.

Le mal principal et d'où dérivaient tous les autres maux étaient les impôts; et, parmi tous les impôts, la taille, dont le poids retombait presque uniquement sur le peuple, et qui, répartie d'après un cadastre incomplet, arbitraire et invariable depuis vingt-deux ans, était si loin d'être en rapport avec l'état actuel du pays, qu'elle enlevait au laboureur la moitié de son revenu. Mais toutes les plaintes avaient été vaines, et l'État, dont les besoins augmentaient à mesure que diminuaient ses ressources, venait, au moment même où il confiait ces provinces à Turgot, de répondre à leurs gémissements par une augmentation de 147,718 livres. La solidarité n'assurait-elle pas au trésor ses recettes, en semant, il est vrai, le mal dans le mal, en épuisant l'avenir? Turgot tourna d'abord ses soins de ce côté : non qu'il voulût, comme Colbert, substituer à la taille des impôts indirects qui atteignissent le privilége en atteignant tous les consommateurs, mais pour en détruire les vices et pour établir un cadastre qui pût servir de modèle à toute la France. Tâche immense dont lui-même n'avait pas prévu toutes les difficultés, et à laquelle cependant on le vit sacrifier trois fois les intérêts les plus évidents de son ambition! Enfin, après quatre années d'efforts, il eut la joie de reconnaître qu'il avait réussi à adoucir la plus cruelle des souffrances qu'endurait le pays. Seulement, ses désirs ne s'arrêtaient pas là, et pendant treize ans il réclama, sans relâche comme sans succès, une décharge annuelle de 600,000 livres, qui pourtant n'était que juste.

Il eut un succès plus facile et plus complet à l'égard des corvées. Depuis longtemps il avait conçu la pensée de les abolir comme un impôt avilissant, vexatoire et ruineux pour les paysans, en même temps qu'à peu près stérile pour l'État. Il obtint de les remplacer par une taxe fixe qui, au lieu d'accabler quelques-uns, pèserait légèrement sur tous. Quelque incontestable que fût ce bienfait, les peuples, qui se défiaient à bon droit des innovations, virent d'abord avec effroi l'établissement d'un nouvel impôt. Mais Turgot était préparé à une double lutte : d'une part, contre le pouvoir, pour lui arracher la permission de faire le bien ; de l'autre, contre les peuples, pour le leur faire accepter. Sans doute même cette résistance ne fit que rendre plus profonde encore sa compassion pour ces pauvres gens qu'il voyait réduits, dans un sort si misérable, à craindre tout changement, et à considérer comme ennemi un gouvernement qui n'avait pour mission que leur bonheur. Aussi, quelle douceur et quelle patience ne mit-il pas à leur persuader leur véritable intérêt! Il eut le bonheur de les convaincre, et bientôt ils le virent avec admiration ouvrir, avec des ressources moindres en apparence, cent soixante lieues de routes dont lui-même fut l'ingénieur.

D'autres mesures eurent pour résultat de n'améliorer pas moins la perception que la répartition des impôts, de réprimer toutes les vexations, et d'adoucir non-seulement la condition des contribuables, mais aussi celle des collecteurs, qui, tyrans parce qu'ils étaient tyrannisés, n'étaient pas moins malheureux que redoutés.

Mais ce n'était pas assez pour Turgot que, d'avoir un peu réparé le mal : il voulait créer le bien et ouvrir à ses provinces des voies nouvelles de prospérité. Or, tel était depuis longtemps, dans son intendance, l'état de l'agriculture, source de toutes richesses, que les cultivateurs n'osaient plus améliorer leurs domaines parce qu'ils n'étaient pas impunément riches, et qu'ils ne recueillaient pas pour eux-mêmes le fruit de leurs sueurs. Non content d'avoir dissipé cette crainte par une évaluation plus fixe des terres, et par la suppression de quelques taxes nuisibles, il s'appliqua à introduire de nouvelles méthodes et de nouvelles cultures pour l'adoption desquelles ils eut encore à vaincre les préjugés populaires. En même temps il animait le zèle de la société d'agriculture de Limoges en en acceptant la présidence, et par l'institution de concours annuels dont lui-même faisait en grande partie les frais.

Cependant le Limousin lui semblait surtout propre à devenir le siége d'une industrie florissante; aussi n'omit-il rien pour faire prospérer les anciennes manufactures, et pour en créer de nouvelles. Mais ce fut d'après des principes tout nouveaux, sans priviléges ni monopoles, sans favoriser quelques-uns aux dépens de tous, car il faut, disait-il, ramener par degrés toutes choses au droit commun. A ce prix il les eût volontiers exemptées, mais une réforme si radicale était impossible; il se borna à recommander qu'on les taxât faiblement.

Il fallait des débouchés à l'agriculture et à l'industrie renaissantes. Turgot fit encore à cet égard tout le bien qui dépendait de lui : de nombreuses routes ouvertes, la Charente canalisée, quelques dérogations au système des prohibitions, activèrent la circulation et commencèrent à vivifier le pays. Mais ce fut en vain qu'il plaida pour obtenir la liberté de commercer par Rochefort avec les colonies, et la libre jouissance des avantages que la nature même offrait à ses provinces. Les fermiers généraux objectèrent leurs priviléges et ceux de la Rochelle, et cette seule considération l'emporta sur les intérêts les plus manifestes des peuples

Enfin, non moins attentif aux besoins moraux qu'aux besoins matériels des hommes, Turgot joignit à tant de bienfaits ceux de la civilisation, sans laquelle il n'est ni progrès, ni bonheur, ni moralité réelle. Or telle était alors l'ignorance de ces provinces que dans beaucoup de paroisses le curé seul savait écrire. Il ne put encore à cet égard faire tout ce qu'il souhaitait, mais du moins les écoles se multiplièrent par ses soins, et tandis qu'il s'efforçait de donner à tous un certain fonds des connaissances les plus nécessaires, il faisait rechercher ceux que leurs dispositions paraissaient rendre dignes d'une éducation supérieure.

Ne négligeons pas de rappeler que Turgot se servit surtout pour toutes ces réformes de l'heureuse influence des curés. En leur rappelant que tous les services envers les hommes sont du ressort de leur charité, il les associa à l'œuvre glorieuse qu'il accomplissait, et il n'eut pas lieu de s'en repentir. Était-ce là la conduite d'un ennemi de la religion, et que pouvait-il faire de mieux que de partager avec elle les bénédictions du peuple ?

C'était là sans doute une manière toute nouvelle de gouverner, et qui démentait glorieusement ces paroles de Frédéric II : que *s'il avait à punir une de ses provinces, il la donnerait à gouverner à un philosophe.* L'on peut même dire que le Limousin formait entre les mains de Turgot comme un État à part au milieu de la France. Aussi les maux qu'endurait ce pays, quelque invétérés qu'ils fussent et bien qu'il ne pût leur opposer que des remèdes incomplets, commençaient-ils à se guérir lorsqu'à plusieurs années mauvaises succéda la disette de 1770 et 1771, et les peuples, heureux autant qu'il dépendait de Turgot, éprouvèrent cruellement, à la fin de son intendance, les seules souffrances qui fussent encore possibles sous une telle administration.

A la vue d'un malheur qui ramenait tout à coup la misère et les douleurs, Turgot eut lieu de déplorer l'impuissance de ses efforts et l'inutilité d'un si long dévouement; mais il ne se découragea pas. Heureux de faire le bien même sans succès, il ne se montra pas moins zélé contre le fléau qu'il l'avait été contre les vices de l'administration, et n'y trouva qu'une nouvelle occasion de prouver que son âme était digne de son esprit, et combien sincère était sa philanthropie.

Les peuples, dans leur désir d'assigner une cause précise à leurs maux, avaient commencé par attribuer la disette à la liberté des grains, et quelques désordres avaient eu lieu. Turgot ne céda pas sur le principe et maintint avec fermeté la loi de 1764 sans craindre de frapper sur quelques magistrats et même sur le parlement de Bordeaux qui partageait à cet égard les préjugés de la multitude. Il lui suffit de quelques paroles et de l'assistance des curés pour réprimer des agitations qui lui inspiraient plus de pitié que de colère.

Mais en même temps que ne fit-il pas pour combattre le fléau! soit en animant la charité de ceux qui comprenaient que le soulagement des malheureux est l'affaire de tous; soit en l'imposant à ceux qui ne la trouvaient pas dans leurs cœurs, lorsqu'il reconnut l'insuffisance des aumônes volontaires; soit en l'organisant afin qu'elle fût plus efficace, et que chacun reçût ce qui lui convenait le mieux, les infirmes du pain, les valides du travail. Lui même, donnant à tous l'exemple, épuisait ses économies et s'endettait de vingt mille livres sans que cette générosité eût rien de fastueux, sans qu'il semblât faire plus que son devoir. S'il ne réussit pas ainsi à conjurer la disette, il parvint du moins à écarter la famine.

Ce zèle de Turgot était d'autant plus nécessaire, qu'il lui fallut puiser dans les seules ressources de ses provinces tous les adoucissements aux maux qu'elles souffraient. L'abbé Terray occupait alors, après treize autres sous Louis XV, le contrôle général, et qu'attendre de ce ministre sans entrailles? Turgot entreprit de l'émouvoir ; mais il n'obtint pas même justice ; et cette surcharge de 600,000 livres qui pesait annuellement sur ses malheureux administrés, il ne put même alors lui en arracher l'abolition. Aussi les lettres de Turgot au ministre respirent-elles, à travers toutes les formules, une indignation qu'il ne peut complétement contenir. Honnête homme et homme d'État, il s'étonne à un double titre de tant de sécheresse et de tant d'inhabileté.

Bientôt Terray fit plus. Au lieu de laisser à Turgot le soin de lutter seul contre la disette, il voulut imaginer aussi aux souffrances des peuples quelque remède qui ne coutât rien à l'État, et il crut le trouver dans le rétablissement des anciennes prohibitions. Ainsi il ne voyait rien de mieux pour rétablir l'abondance que d'empêcher la circulation. C'était ajouter une faute à un malheur et perpétuer une souffrance qui, avec la liberté, ne pouvait être que passagère. Étrange législation, en effet, que celle qui réglait d'ordinaire cette importante partie de l'administration, et dont le grand Colbert eut en partie la malheureuse initiative! Ce n'était pas assez que l'exportation des grains fût interdite et par là une source abondante de revenus fermée à la nation ; la circulation intérieure l'était également. Chaque province était condamnée à se suffire, et le superflu de l'une ne pouvant suppléer à l'insuffisance de l'autre, il arrivait souvent que la disette sévît à côté d'une abondance ruineuse. Joignons à celà les innombrables priviléges des seigneurs, les banalités, les monopoles, débris funestes du moyen âge, et l'on comprendra sans peine que les résultats d'un tel système fussent, avec la décadence de l'agriculture jadis si florissante, des chertés d'autant plus cruelles qu'elles étaient soudaines, souvent même des famines pendant lesquelles l'avarice de quelques possesseurs spéculait sur la terreur de tous. Alors, il est vrai, le gouvernement intervenait. Il se faisait marchand de blé. Mais cette intervention, qui ruinait les commerçants et les signalait comme accapareurs à la colère d'une multitude affamée, ne pouvait d'ailleurs procurer un bon marché factice et momentané qu'avec l'argent du peuple, et complétait le mal au lieu de le guérir.

C'est à la vue des souffrances qu'engendrait ce système, que le gouvernement avait fait lui-même en 1754, puis en 1764, l'essai de la liberté. Mais déjà Terray songeait à l'abolir, soutenu, il est vrai, par les clameurs des intéressés et par l'aveugle assentiment des peuples. Ainsi les préjugés allaient reprendre leur empire, et le pouvoir ne rougissait pas d'emprunter sa direction à l'égoisme et à l'ignorance.

Turgot éprouvait à l'égard des peuples un amour trop sincère pour être faible et détestait une popularité qui leur serait onéreuse. Consulté par le ministre il plaida hautement la cause de sa province et de la France, en prenant en main celle de la liberté. Cette lutte fut sans doute une des plus belles actions de la vie de Turgot. En moins d'un mois, pendant une tournée à travers les montagnes et parmi tous les soucis dont la disette l'accablait, il trouva le temps d'écrire sept lettres qui remplissent cent cinquante pages in-quarto, et pleines d'un bon sens qui ne veut d'autre ornement que sa force même et cette vive éloquence qui naît spontanément dans une âme généreuse de l'agitation que lui cause l'approche d'un grand malheur public et l'espoir incertain de le conjurer.

Il n'était en effet que trop aisé à Turgot de prouver par des raisons et par des faits combien l'intervention du gouvernement dans le commerce des subsistances est à la fois funeste pour les peuples et dangereuse pour l'État. Aussi avec quelle confiance réclamait-il, en présence du fléau même, l'abolition de toutes les mesures qui ruinent le commerce et le trésor sans profit pour la nation ! La concurrence et l'intérêt particulier, tels étaient, suivant lui, les seuls remèdes dont l'efficacité fût incontestable ; et, non content de proclamer plus haut que jamais ce principe fécond de liberté, il adjurait le gouvernement de la compléter au plus tôt par la suppression ou par le rachat de ces mille priviléges qui levaient un impôt si lourd sur la subsistance du peuple, en même temps qu'ils portaient atteinte à la plus sainte des propriétés, celle de l'homme sur le fruit de son travail.

Il montrait alors au ministre, comme conséquence de liberté, la terre devenue plus féconde, la grande culture remplaçant la petite, l'agriculture renaissante, la France redevenue, comme au temps de Sully, le grenier d'une partie de l'Europe, et munie à l'avenir, par l'excédant de produits qui résulterait de la libre exportation des grains, d'une ressource toujours disponible contre les besoins du dedans, l'industrie, fille de l'agriculture, ranimée par les progrès de celle-ci, l'État enfin enrichi par la richesse publique.

A ceux qui lui objectaient que la liberté n'avait pas tenu ses promesses, et que l'expérience avait démenti les spéculations de la science, il répondait que la liberté n'était pas une panacée qui rendît toute disette impossible ; qu'on ne pouvait la juger, incomplète comme elle était ; que l'épreuve d'ailleurs n'était pas assez ancienne, et qu'il fallait laisser l'agriculture languissante poursuivre ses progrès déjà incontestables. La liberté ne pouvait manquer d'assurer aux peuples leur subsistance malgré les inégalités du sol et des saisons, mais c'est une dette qu'il fallait n'exiger d'elle qu'à l'échéance.

Enfin, s'adressant à Terray avec ce ton d'autorité que prennent naturellement le talent et la vertu sur l'esprit d'intrigue et sur le vice : Vous doutez, disait-il, vis-à-vis de gens qui ne doutent pas ; tremblez du moins de précipiter une décision qui peut faire tant de mal.

Terray avait trop d'esprit pour ne pas rendre justice à Turgot : il loua son zèle et admira son talent ; mais les préjugés et l'intérêt personnel l'emportèrent. Il osa même, dans un édit injurieux, affirmer que la cherté était l'effet de manœuvres coupables, et qu'on éprouvait la disette au sein de l'abondance.

Si quelque chose avait pu consoler une âme telle que celle de Turgot, la réputation dont il jouissait alors aurait été plus que suffisante. Du Limousin qui le bénissait, l'admiration s'était peu à peu répandue par toute la France. Philosophes et évêques s'accordaient en ce point ; et tandis que Voltaire le félicitait de prouver qu'un intendant n'est pas destiné qu'à faire le mal, l'archevêque d'Aix se félicitait d'être né au même siècle que lui. Enfin M. de Monthyon, en même temps qu'il lui demandait des conseils pour son gouvernement, faisait de lui ce suprême éloge qu'il tenait à faire le bien, dût-on ignorer d'où il venait. La France ne semblait-elle pas avoir trouvé son réformateur ?

Comment donc, parmi tant de soins minutieux, Turgot trouvait-il encore le loisir de se livrer à ses anciennes études, et de mêler aux embarras de la pratique les spéculations de la science ? Mais, outre que la pente même de son esprit

le portait vers ces hautes questions, et qu'il trouvait sans
doute quelque charme à se reposer, loin des faits, au sein
des théories, tout le bien qu'il faisait n'assouvissait ni son
activité ni son ambitieuse philanthropie. Une lutte si vive
contre le mal ne fut, durant cette belle période, que la
moitié de sa gloire, et il ne cessa de poursuivre en même
temps les découvertes de l'Économie : non plus, il est vrai,
en vue du présent, mais en vue de l'avenir et de l'humanité ; car nul alors n'aima plus le progrès pour lui-même,
nul ne sut allier à un amour de préférence plus sincère pour
son pays et pour son siècle une tendresse plus profonde
pour les hommes de tous les temps et de tous les lieux. C'est
même durant son intendance qu'il composa ses plus remarquables travaux ; et telle fut l'heureuse destinée de cet
homme, qu'il lui fut donné d'illustrer la France par ses
écrits au moment même qu'il s'efforçait le plus de la rendre
heureuse par ses actes. Dans cette poursuite ardente de la
vérité, il ne se souvenait que d'elle, comme s'il eût craint que
les préoccupations de l'écrivain pussent nuire en quelque
chose aux méditations du philosophe ; et, content du bonheur d'être utile, il ne se révélait le plus souvent à ses lec-
teurs que par la supériorité de ses lumières et par le sacrifice même de sa renommée.

Telle était cette illustre insouciance de Turgot, qu'il n'a
laissé aucun monument où se trouve déposée toute sa pensée, et qu'il faut la chercher éparse dans les nombreux mémoires qu'il rédigeait sous la dictée des circonstances. De
tous ses écrits, le principal, celui qui nous initie le mieux
à ses doctrines, n'est qu'une brochure sous ce titre : *Ré-
flexions sur la formation et la distribution des richesses*. Il
la composa, en 1766, à l'occasion de deux Chinois auxquels le gouvernement allait payer pension afin d'apprendre
d'eux les causes de la prospérité de la Chine. On sait quel
était l'engouement de cette époque pour ce pays, ainsi que

pour tous les peuples qui semblaient plus rapprochés de la nature, et quel malin plaisir les écrivains éprouvaient à humilier sous leurs noms cette Europe si fière de ses lumières et de sa religion.

La plus grande partie de ce livre n'est que l'exposé lumineux des théories économiques, et concerne la prééminence de la terre, la stérilité de l'industrie, le produit net, et comme conséquence l'impôt unique et direct. Fidèle aux doctrines de ses maîtres, Turgot leur donne encore tout le poids de sa raison. Cependant il est aisé de reconnaître que la science n'est pas demeurée immobile entre ses mains ; il en développe les principes, il en fonde la langue, et, précurseur d'Adam Smith, il entrevoit le premier la plupart des vérités que celui-ci devait bientôt après mettre si bien en lumière.

D'ailleurs, parmi ces théories où le certain se mêle à l'incertain, l'hypothèse à la réalité, combien de découvertes fécondes, d'idées neuves et pratiques qui rachètent amplement des erreurs le plus souvent inoffensives ! C'est surtout en parlant de Turgot que l'on peut dire que l'économie a été utile à la prospérité des peuples comme l'alchimie l'a été aux sciences physiques. L'origine du commerce, l'économie rurale, la comparaison de la grande et de la petite culture, l'inégalité des conditions, la liberté individuelle, la théorie des capitaux, l'influence qu'ils exercent sur la production, l'usage des monnaies, la législation de l'intérêt, les lois économiques qui servent à le fixer, et l'impuissance de celles qui prétendent le limiter, l'établissement du crédit, l'abolition du crime d'usure et celle de la contrainte par corps sont autant de questions qui intéressent au plus haut degré le développement de la richesse publique, et que Turgot a presque résolues en les abordant.

Mais ce qu'il importe surtout de remarquer dans les écrits de Turgot, au moment où les destinées de la France vont être confiées à ses lumières, c'est la nature même de ses principes en fait de gouvernement. L'économie politique ne s'était pas encore limitée elle-même : née de la philosophie, elle n'avait pas oublié son origine ; et, loin de n'être que la science de la richesse, elle n'aspirait à rien moins qu'à la réforme de la société tout entière. Les bases de cette réforme, elle prétendait les trouver dans l'étude attentive des droits et des devoirs des hommes les uns envers les autres.

Or qu'avait-on vu jusque-là à cet égard? les individus sans cesse sacrifiés à l'État, les richesses privées considérées comme une proie, les nations devenues pour leurs maîtres l'objet d'une exploitation plus ou moins habile. Le surintendant Emery, lorsqu'il déclarait que les ministres des finances sont faits pour être damnés ; l'abbé Terray, lorsqu'il comparait le peuple à une éponge qu'il faut pressurer, n'avaient fait qu'exprimer avec une brutale franchise la réalité des choses. Sully et Colbert, dont les nobles travaux ont si puissamment préparé l'émancipation des peuples, avaient-ils jamais eu eux-mêmes en vue autre chose que la gloire du roi et la prospérité de l'État? Ce n'était pas là en effet la faute des hommes, mais celle des choses, et l'inévitable conséquence de la féodalité et du despotisme qui avaient confisqué toute la liberté des individus. Longtemps les peuples avaient souffert en silence : mais enfin, du sein des douleurs qu'engendrait l'oppression, s'étaient élevées des plaintes timides et isolées d'abord, ensuite plus hardies et universelles, et le spectacle de tant de maux avait conduit peu à peu les esprits à se demander de quel droit, en vertu de quels principes s'exerçait sur les hommes une suprématie si absolue et si funeste.

C'est alors que la philosophie, pénétrant pour la première fois dans la politique, ne tarda pas à l'envahir tout entière, et que quelques-uns conçurent la pensée de dégager les

véritables fondements des sociétés de cet amas confus de
coutumes et de préjugés que l'on nommait le gouvernement, et d'en construire une toute nouvelle, non plus
d'après les caprices du hasard et de la victoire, mais d'après
les lois immuables de la nature et de la raison. On sait
que ce grand problème reçut alors les solutions les plus diverses. Tandis que les uns proclamaient en droit comme
en fait l'éternelle inégalité des hommes, d'autres allaient
sur les pas de Rousseau jusqu'au socialisme le plus auda-
cieux, et, proclamant que tout avait dégénéré entre les
mains de l'homme, assuraient qu'il n'y avait plus pour lui
d'autres chances de bonheur qu'un retour complet à la
nature. Turgot sut heureusement se préserver de toute doctrine extrême et consacra comme une nécessité manifeste
l'inégalité des conditions, en même temps qu'il réclamait
pour tous, an nom du droit naturel, l'égalité civile et une
part égale au bonheur. Ainsi se flattait-il de concilier dans
une juste mesure la dépendance et la liberté, et sans trahir
les droits de l'État, de relever ceux de l'individu. L'établissement des sociétés n'était à ses yeux ni une usurpation,
ni l'abandon de la nature, mais les hommes n'avaient pu
consentir à aliéner leur liberté naturelle, sans attacher à
ce sacrifice quelque compensation, et sans conserver quelques droits que la société ne peut étouffer sans un abus de
la force générale. L'intérêt seul en formait le lien, et les
gouvernements, n'existant que par les individus, n'existaient
aussi que pour eux, sans autre mission que leur félicité,
sans autre droit à leur obéissance que le zèle et le respect
qu'ils montraient pour les droits et les intérêts de chacun.
Enfin le but, la perfection de la politique était, suivant
Turgot, de faire le bonheur de tous, de le développer, d'en
assurer la durée, puisque sans lui les plus magnifiques
splendeurs des empires ne sont qu'une apparence, et que
leur véritable prospérité, prospérité collective, ne peut subsis-

ter que par celle des particuliers. Tels étaient les principes
dont Turgot allait tenter l'application.

Tandis que Turgot se consacrait si complétement au
bonheur des hommes, les maux de la France ne cessaient
de s'aggraver, et le gouvernement des dernières années de
Louis XV semblait s'appliquer à les rendre incurables. Jusque-là du moins quelques concessions avaient été faites de
loin en loin à l'esprit public, et l'on avait paru reconnaître
quelquefois la nécessité d'un changement. La nation avait
même retrouvé, sous l'administration de Machaut et plus
tard sous celle de Choiseul, quelques jours meilleurs. Mais
une subite disgrâce avait récompensé leur zèle ; et, tandis
que la France leur payait en reconnaissance et en hommages
éclatants le seul salaire qui soit digne de ces grands services publics, le pouvoir était tombé de leurs mains entre
celles de madame Dubarry et de ses créatures, où il achevait de se déshonorer. Depuis ce moment, le but unique de la
politique semblait être de procurer à Louis XV une fin paisible ; et toute l'énergie d'un ministère qui, suivant un con-
temporain, régna dans le silence et par la terreur, ne s'em-
ploya guère qu'à comprimer l'explosion de l'indignation
publique. Le bien même, sous de tels ministres, ne fut pas
moins funeste à la France que le mal ! C'était en effet un
grand et heureux succès pour la royauté et pour la nation
même que d'avoir enfin brisé la vieille et stérile opposition
des parlements. Le pouvoir recouvrait par là sa force et son
indépendance. Mais cette victoire qui pouvait devenir si
féconde et qu'il fallait se hâter de justifier aux yeux des
peuples, en leur prouvant que le Parlement n'était plus
qu'un obstacle aux réformes, n'avait eu pour résultat que
de compléter l'absolutisme en le débarrassant de sa der-
nière entrave ; et la nation, qui subissait toutes les rigueurs du despotisme, sans que cette suprême puissance
songeât à autre chose qu'à jouir d'elle-même, se prenait à

regretter un corps dont l'opposition, quelle qu'elle fût, était
après tout son unique garantie, et qui seul, dans ce silence
universel, osait encore élever la voix et troubler du moins
par quelques plaintes les honteuses voluptés de ses maîtres.

Au dehors la décadence n'était pas moins rapide. Choiseul avait entrepris de faire remonter la France au rang
d'où l'avaient précipitée les hontes de la guerre de sept ans,
et les malheurs de la paix de Paris ; mais un tel souci n'em-
barrassait pas ses successeurs, et la France semblait ne
plus même conserver sous eux cette grandeur d'opinion qui
survit toujours quelque temps à la grandeur réelle. C'est
alors que l'Europe osait, à ses yeux, effacer du nombre des
nations la Pologne, cette France de l'Orient ! et à ceux qui
lui demandaient ce que dirait la France, Frédéric II, qui
ne la considérait plus depuis longtemps que comme la
ferme de la maison d'Autriche, répondait : *la France dort.*

Et pourtant ce n'était pas la France qui dormait ! Cette
époque si honteuse à ne considérer que son gouvernement,
était pour elle bien brillante et bien glorieuse ! Jamais peut-
être elle n'avait mieux mérité l'admiration jalouse des peuples et celle de ses vainqueurs mêmes ! Car vaincue sur
les champs de bataille, elle dominait plus que jamais par
les idées ; et bien loin de languir, elle endurait ces nobles
et fécondes souffrances qui précèdent toujours la régénération d'un grand peuple. En face du trône et des ordres
privilégiés, parmi tous les débris du moyen âge, s'élevait
incessamment une France nouvelle, un tiers état puissant
par le nombre, par les richesses, par les lumières, honteux de n'être rien lorsqu'il pouvait être tout, enhardi par
les divisions et par les aveux de ses ennemis, plus que jamais imbu de philosophie et d'économie, soumis encore
dans les faits, mais factieux par l'intelligence. Et au-des-
sous de ce tiers état commençait à s'agiter, comme auxiliaire naturel, une multitude immense et misérable qui ,

irritée des maux qu'elle avait crus jusque-là inhérents à sa destinée, aspirait confusément à un avenir meilleur. Certes il y avait là, sous les apparences de la langueur et de la mort, une surabondance de vie et d'activité qui ne demandait qu'à se répandre, tous les éléments d'une grande révolution! Or qu'y avait-il de plus propre à accélérer la marche des événements que ce gouvernement à la fois violent et routinier, qui pouvait bien espérer de comprimer encore quelque temps le progrès, mais de l'étouffer, jamais! Chaque année, chaque jour de retard devenait un nouveau danger pour l'avenir.

Et cependant je ne puis penser que, même alors, tout fût perdu, pourvu que, tirant parti de l'excès même du mal, le gouvernement eût enfin le courage de mesurer à l'étendue des besoins l'étendue des remèdes ; et que, bien convaincu qu'il n'y avait pour lui de pire danger que l'immobilité, il eût assez de sagesse pour ne pas changer en ordres impérieux les prières de la nation. Les castes privilégiées n'avaient acquis, je le sais, ni assez d'abnégation ni assez de lumières pour faire d'elles-mêmes aux temps les sacrifices nécessaires. Pour elles la liberté n'avait pas cessé d'être l'anarchie, la tolérance, l'impiété. Mais l'on ne peut nier que la royauté ne comprît mieux que jamais sa situation. Louis XV n'avait-il pas souvent entrevu du fond de ses plaisirs les embarras qu'il léguait à son successeur? Le Dauphin n'annonçait-il pas hautement que son règne serait un règne de réformes? La royauté pouvait donc encore satisfaire les peuples, en acceptant la direction d'une révolution inévitable, et par cette politique sauver non-seulement son trône, mais encore avec lui tous ces imprudents qui ne voulaient pas s'apercevoir que tout était changé autour d'eux, et que le moment était venu de céder ou de périr. Les circonstances mêmes ne semblaient-elles pas faciliter cette grande œuvre, puisque les rois se trouvaient investis par l'abaissement du clergé en 1764, par la chute des parlements en 1771, d'une toute-puissance qui, créée pour le mal, pouvait être employée pour le bien? Admettons enfin que la royauté eût été entraînée plus loin qu'elle ne l'eût voulu, et qu'elle n'eût pas réussi à retenir la nation au point qu'elle lui aurait marqué, ne valait-il pas mieux se résigner à quelques concessions que d'engager contre l'esprit du siècle une lutte impossible, et renoncer à quelque chose que de tout compromettre? Il semble donc que l'avenir dépendait encore de l'habileté du prince, et que l'héritier de Louis XV était libre de choisir entre le rôle de Guillaume III ou de Charles I.

La mort du roi parut en effet ouvrir une ère nouvelle; et la nation salua l'avénement de son successeur par ces élans d'amour et de confiance qui précèdent si souvent les révolutions. Elle avait ajourné à ce moment toutes ses espérances; mais elle ne doutait pas qu'elles ne fussent sur le point de se réaliser; et convaincue que la plupart de ses maux tenaient à un homme, elle croyait n'avoir rien à craindre après Louis XV. Espoir funeste qui devait bientôt aigrir les haines par les douleurs de la désillusion!

Ce n'est pas que le cœur de Louis XVI ne méritât tous ces transports. Mais que pouvait, dans des circonstances si difficiles, la bonté la plus incontestable, sans une intelligence capable de la régler, sans l'énergie nécessaire pour la rendre efficace? Or le jeune roi n'avait, à vrai dire, pour lui que sa nouveauté et des antécédents remarquables par le contraste moral qu'ils offraient avec la dépravation de son aïeul. Imbu de préjugés qu'il fallait détruire pour arriver aux réformes, incapable de pénétrer par lui-même jusqu'au fond des vérités que son rang et son éducation lui dissimulaient, habitué enfin à considérer comme les plus fermes soutiens de son trône ceux qui l'ébranlaient chaque jour, il aurait voulu guérir le mal, mais par la seule force de son désir, sans lutte comme sans retard, et ne sut jamais qu'entrevoir le bien ! C'était Henri IV, disait-on, mais Henri IV moins le génie et la fermeté ; Henri IV, tel que l'avaient fait la Henriade et le XVIII° siècle. Malheureux prince à qui ses qualités mêmes furent fatales, et qui n'étant ni assez fort pour ordonner le bien, ni assez faible pour laisser régner à sa place ceux qui l'auraient pu faire, passa toute sa vie partagé entre la bonté de son cœur et les timidités de son esprit.

Le nouveau règne commença par une faute. Depuis longtemps vivait seul et désillusionné l'ancien contrôleur général Machaut, qui avait fait luire sous Louis XV quelques rayons d'espérance. Louis XVI songea à l'appeler, à s'appuyer sur sa vieille expérience : mais la cour et les privilégiés haïssaient plus que tous un ministre qui avait osé toucher à celles de leurs prérogatives qu'ils estimaient le plus, à leurs immunités pécuniaires ; et l'on vit un roi réformateur investir de toute sa confiance le comte de Maurepas, vieillard sceptique et frivole, étranger au siècle qu'il allait diriger, et qui, n'ayant d'autre mérite qu'une disgrâce sous madame de Pompadour, ne voyait encore à sauver que l'ancienne gaieté française. Un tel choix rendait d'abord incertain le bien que Louis XVI méditait.

Cependant la frivolité même du comte de Maurepas faillit réparer la faute de Louis. Soit indifférence, soit pour se donner bon bruit, soit encore pour décrier les idées nouvelles par l'insuccès, il appela tout à coup Turgot au ministère, en lui confiant... la marine ! Turgot ne fut donc pas, comme on l'a dit, l'élu de l'opinion. Outre que l'opinion commençait alors seulement à faire irruption dans le gouvernement, et qu'elle n'avait pas assez de puissance pour faire des ministres, les idées politiques n'étaient pas encore assez répandues pour que le nom de Turgot fût bien populaire. Aussi, tandis que le Limousin désolé faisait des prières publiques pour ses succès, les philosophes et les économistes, qui seuls le connaissaient, applaudirent seuls à son élévation. Ces applaudissements faillirent même le compromettre ; mais à ceux qui lui représentaient que Turgot était philosophe, Louis XVI répondit : N'importe, il est honnête homme ; et bientôt, après avoir marqué par deux bonnes mesures son rapide passage à la marine, il reçut le contrôle général des finances. La France eut alors à sa tête un nouveau Sully avec toute la supériorité que donnaient à Turgot les lumières de son siècle ; et les bons esprits reprirent soudain confiance. Voltaire se signala entre tous par l'ardeur de ses espérances : « On dit, écrivait-il, que nous allons avoir l'âge d'or. Que la France soit administrée comme l'a été la province de Limoges, et la France, sortant de ses ruines, sera le modèle du plus heureux gouvernement. » Et ailleurs : «Vous faites naître un beau siècle dont je ne verrai que la première aurore. » Seulement il ajoutait : « Ce ministre fera tant de bien qu'il finira par avoir tout le monde contre lui.»

Jamais le soin si embarrassant de régir les revenus d'un grand royaume ne s'était compliqué de circonstances plus difficiles. Rétablir à peu près l'équilibre, relever le crédit, combler même le déficit, c'était le fait d'un grand financier. Mais outre que la réforme des finances était désormais impossible par les moyens ordinaires, il était manifeste que les temps demandaient, non plus un bon contrôleur, mais un homme d'État, qui, les yeux ouverts sur l'avenir, osât déclarer à son gouvernement que l'heure était venue de satisfaire les besoins de la nation et de détruire soi-même ce qui ne pouvait être maintenu. Il s'agissait enfin d'un roi jeune et peu éclairé à instruire, de la France entière à réformer, d'une révolution à diriger. Or, au moment d'entreprendre une tâche si laborieuse, quelles chances de succès pouvaient enhardir le réformateur? De quelles forces disposait-il pour dissiper cet amas d'erreurs et de préjugés qui reposaient sur tant d'intérêts, et que le temps semblait avoir consacrés? Il devait compter sur l'estime et l'approbation des sages; mais que pouvaient lui donner les sages, hormis un assentiment stérile? Devait-il attendre un soutien plus efficace de la cour, du clergé ou du parlement, de ceux enfin qui seuls alors pouvaient faire entendre leurs voix? mais c'était contre leurs priviléges qu'allaient se diriger les réformes. Pouvait-il même compter sur tous ses collègues? Seul au milieu de tous, il semblait réduit à tirer toute sa force de la valeur de ses théories et de la nécessité.

Aussi, malgré une pleine confiance dans les doctrines économiques et les encouragements légitimes que lui donnaient les succès de son intendance, malgré un dévouement sans borne à une cause qui lui semblait celle de l'humanité, si Turgot recula devant des difficultés si graves, qui peut s'en étonner? Son ambition était une vertu, et les grandes places, n'étant pour lui qu'un instrument de bienfaisance, n'avaient à ses yeux d'autre charme que la perspective des services qu'elles lui permettaient de rendre. Mais Turgot pensait, comme la plupart de ses contemporains, comme Voltaire lui-même, que de la volonté royale dépendait encore tout le bonheur de la France, que seule elle pouvait dissiper toutes les ligues, renverser tous les obstacles! Il conçut donc l'espérance de s'attacher le roi, et de l'entraîner avec lui vers le but que se proposait son cœur. C'est sous l'impression de cette pensée qu'il adressa à Louis XVI une lettre célèbre où l'on ne sait qu'admirer le plus, ou de ses vues politiques, ou de sa franchise respectueuse, ou de cette simple et nerveuse éloquence qui prend sa source dans son amour pour le prince, et dans sa

pitié pour les peuples. Lettre admirable en effet, mais triste,
où lui-même pressent et signale tout ce qui devait bientôt
arriver ; et les obstacles qu'il aurait à vaincre, et les com-
bats qu'il aurait à rendre, et les sourdes inimitiés qui ten-
teraient de le renverser, et jusqu'aux faiblesses d'un roi qui
ne respirait que le bonheur des peuples. Hélas ! Louis XVI
crut pouvoir promettre son appui, et sans doute ce fut un
moment bien doux pour ce prince que celui où il crut avoir
découvert un homme capable de réaliser les rêves de félicité publique qui s'agitaient au fond de son âme. Alors
Turgot accepta : mais je ne puis croire que ce fut sans
ressentir cette mélancolie sublime qu'éprouvent les grandes
âmes lorsqu'elles se vouent par devoir à l'accomplissement
de leurs pensées, dût leur dévouement n'avoir pour ré-
compense que la haine et la calomnie !

1774–1776.

C'est surtout en parlant des ministres qu'il est vrai de
dire que ce sont les faits qui louent. Ne craignons donc
pas de substituer ici complétement l'histoire au panégy-
rique, et de nous borner au plus simple récit. Heureux si
l'éloge de Turgot naît de son histoire même, si l'exactitude
la plus scrupuleuse suffit à sa gloire ! Aussi bien lui a-t-on
reproché si souvent de n'être qu'un théoricien, parce qu'il
fut surtout cela, qu'on ne peut trop réfuter ce reproche
les faits à la main.

Le plus grand embarras du nouveau règne était l'état des
finances : 80,000,000 d'intérêt annuel, 22,000,000 d'arriéré, 78,000,000 d'anticipations, sans parler d'une dette
énorme, ainsi que de 235,000,000 de dette flottante ; et
pour faire face à tout cela, en même temps qu'à toutes les dépenses du gouvernement, aux profusions de la cour et aux

frais nouveaux de la justice gratuite imaginée par Maupeou, un revenu annuel de 377,000,000 dont le poids écrasait la nation, tel était l'héritage que Louis XV mourant léguait à son successeur. S'il était difficile de réparer un tel désordre, le dissimuler comme avaient fait les derniers ministres, comme fit plus tard M. de Calonne, c'eût été plonger le roi dans une sécurité funeste, c'eût été perdre étourdiment la France, en sacrifiant l'avenir aux douceurs d'une courte illusion. Turgot osa sonder le mal, et força le gouvernement à le contempler. Révélation cruelle qui semblait devoir le déterminer à tout; et c'est encouragé peut-être par l'immensité même du danger que Turgot commença à tout mettre en œuvre pour le conjurer.

Depuis Colbert, les ministres n'avaient guère imaginé d'autres remèdes aux embarras du gouvernement que des augmentations d'impôt. Mais Turgot était à la fois trop éclairé et trop honnête pour ne pas sentir qu'une telle ressource ne donnait qu'une aisance factice et momentanée, qu'elle ne faisait que reculer la difficulté en l'aggravant; aussi avait-il pris dans sa lettre au roi l'engagement de s'interdire toutes les mesures qui semblent rétablir la richesse tandis qu'elles augmentent la misère, et il y avait adopté ces mots pour programme : *pas de banqueroute, pas de nouveaux impôts, pas de nouveaux emprunts.*

Il fit plus, et débuta par quelques actes qui paraissaient diminuer les ressources du trésor. Depuis quatre ans le gouvernement avait cessé de payer les rentes et les pensions, et Terray n'avait épargné que les plus faibles et les plus fortes, afin d'éviter les clameurs de la multitude et les cabales des courtisans. Mais Turgot ne se réglait pas sur de telles considérations, et ses premiers soins furent consacrés au payement des rentes et des pensions qui ne dépassaient pas 400 livres. Les créanciers de l'État, qu'un édit de 1764, équivalant à une banqueroute, mettait pres-

que dans l'impossibilité de faire reconnaître la validité de
leurs droits, obtinrent aussi de lui un sursis et toutes
sortes de facilités. En même temps il remit aux insolvables
leur arriéré d'impôts, réduisit un grand nombre de droits
sur la consommation, diminua le droit d'aubaine en at-
tendant qu'il le détruisît complétement, et adoucit les rigueurs les plus cruelles de la taille par l'immense bienfait
de l'abolition de la solidarité : enfin le fisc perdit des procès !
Il est vrai qu'il s'efforçait de compenser toutes ces pertes
par les soins qu'il prenait pour simplifier une perception
ruineuse, par la suppression successive de charges aussi
coûteuses qu'inutiles, par la rupture et le rachat de plusieurs baux onéreux, par l'ordre qu'il donna au banquier
de la cour de retenir sur les appointements de leurs offices
l'arriéré de capitation que les courtisans devaient pour la
plupart depuis dix ans, sans qu'on songeât à se servir
contre eux de la contrainte solidaire. Mais les financiers
qui le regardaient faire, et qui l'avaient vu refuser à
son entrée au ministère la somme de 300,000 livres que
les fermiers généraux avaient coutume d'offrir au contrôleur au renouvellement de la ferme, ne comprenaient
rien à sa conduite et le déclaraient l'ennemi de la recette.

C'est que leurs principes et les siens étaient en effet
complétement opposés. Non-seulement il pensait que le gouvernement tire ses plus abondantes ressources de la confiance
qu'il inspire, et de la douceur ; mais encore il était résolu
à renouveler toutes les sources de la fortune publique, en
fondant la splendeur de l'État sur celle des particuliers, en
recherchant dans les progrès de la production les progrès
de la richesse nationale. Si les idées qu'il voulait faire pré-
valoir à cet égard étaient incertaines, n'était-il pas certain
du résultat qu'avaient produit les théories contraires?

Nous avons vu l'application restreinte qu'il avait faite de

ses doctrines dans le Limousin, et avec quel succès. Ministre, il pensa à la rendre générale; et la France vit avec étonnement le pouvoir lui-même se constituer le patron de la liberté. Trois édits lui suffirent presque pour la fonder : qu'était-ce en effet que le rétablissement de la liberté des grains, que l'abolition des corvées, que la suppression des jurandes et des maîtrises, sinon l'émancipation soudaine du travail? Et pour que cette émancipation ne fût pas une illusion, il prenait soin en même temps de supprimer et de racheter une foule de monopoles qui auraient rendu impossible l'exécution des édits. Ainsi les sources de la richesse se rouvrirent : l'agriculture, qui, suivant Mirabeau, ne produisait que le huitième de ce qu'elle avait produit à l'époque de Sully, put se ranimer; et l'industrie, ruinée par le système protecteur, reprendre son essor à l'aide de la liberté.

La circulation n'était pas chargée de moins d'entraves que la production. Turgot, ne pouvant aussitôt détruire le mal, ne négligea rien pour l'amoindrir, et un grand nombre d'obstacles aussi inexplicables que funestes furent renversés, tandis qu'une commission de savants commencait, sous la direction de d'Alembert, les études d'un grand système de navigation intérieure; que de nouvelles routes s'ouvraient de toutes parts; que la création des premières voitures publiques rapprochait les lieux, et qu'un plus grand nombre de ports, ouverts à l'exportation, offraient de nouveaux débouchés à l'activité nationale et donnaient à la marine affaiblie le moyen de se relever.

Enfin, la circulation du numéraire ne dut pas moins à ses soins. Depuis qu'en 1771 un édit royal avait violemment réduit l'intérêt à deux et demi, l'argent se cachait, et l'impossibilité d'emprunter avait singulièrement augmenté la langueur des affaires. Turgot sentit ce qu'une loi pareille avait d'injuste et de nuisible : il l'abolit; et loin de prétendre fixer à la confiance un maximum impossible, il se hâta de rendre une pleine liberté aux transactions des particuliers. Il se contenta d'autoriser la création d'une caisse d'escompte qui ne pouvait manquer de régler bientôt le taux de l'intérêt ; et telle était l'estime dont le gouvernement jouissait entre les mains de Turgot, que cette caisse, d'où plus tard naquit la Banque de France, inspira aussitôt une confiance générale, malgré les souvenirs encore vivants du Système.

Ajoutons que la plupart des édits qui établissaient ces réformes étaient précédés de préambules qui en expliquaient les raisons, et que quelques-uns de ces préambules sont de véritables traités par leur étendue et par leur lumineuse précision. « J'ai lu, dit Voltaire, l'édit de M. Turgot sur les grains ; il me paraît un chef-d'œuvre de la véritable sagesse et de la véritable éloquence : voici de nouveaux cieux et de nouvelles terres. » Ainsi Turgot se flattait-il d'éclairer les peuples, de donner aux édits du roi un caractère de raison et de durée qui en facilitât l'admission, de désarmer la calomnie, d'amener enfin les privilégiés à reconnaître que leurs priviléges étaient bien souvent plus nuisibles aux autres que profitables à eux-mêmes. Noble soin en effet, et bien digne d'un gouvernement paternel, mais qui présentait peut-être plus de dangers que d'avantages. Les actes du pouvoir se justifient par leurs résultats, et lui-même avait dit à Terray que la vertu peut commander, parce qu'on sait qu'elle commande pour le bien.

Quoi qu'il en soit, le succès répondit à ses prévisions, et malgré les nombreux sacrifices qu'il n'avait pas hésité à faire en vue de l'avenir, l'état présent des finances s'améliorait sensiblement. En 1775, la recette extraordinaire s'éleva à 67,000,000, et il put rembourser 15 millions de la dette flottante, et 25 millions sur les anticipations. En 1776, le déficit tomba de 23 millions à 15. Le crédit de l'État se ranimait surtout avec une merveilleuse promptitude, et à un tel point qu'il put négocier à quatre et demi un emprunt de 60 millions, qui devint impossible après lui.

Tandis que toutes ces mesures attestaient l'habileté du ministre, d'autres marquaient d'une manière plus particulière sa douceur et sa tendresse pour les peuples. Des secours nombreux envoyés à la Guyenne, dévastée par une épidémie; les bureaux de charité multipliés par toute la France; une protection efficace accordée à Parmentier; le sort des déserteurs adouci par la substitution d'une flétrissure à la peine de mort; de nouveaux hospices fondés; une commission permanente instituée pour prévenir ou combattre les maladies pestilentielles des hommes et des animaux, et qui fut le germe de l'école de médecine; enfin mille créations, mille soins inconnus jusque-là, annoncèrent à la nation une condition toute nouvelle.

Voilà ce que fit Turgot durant son ministère. Si l'on fait réflexion qu'il n'y demeura que seize mois, que la maladie le condamna à l'inaction pendant une grande partie de ce temps, que les intrigues ne lui laissaient que la moitié de ses forces, qu'il avait à persuader un prince peu éclairé, à gagner des collègues mal disposés pour la plupart, et d'autant plus redoutables qu'ils ne lui résistaient pas en face; enfin à renverser des préjugés que leur antiquité semblait rendre indestructibles, ne doit-on pas s'étonner qu'il ait commencé ou accompli tant de réformes importantes? Son ministère ne fut-il pas même un des plus féconds que la France ait eus? Et prétendra-t-on encore que Turgot ne fut qu'un de ces visionnaires auxquels Voltaire réservait la dignité de secrétaires d'État dans la république de Platon?

Cependant, tout cela n'est que la moindre partie de ce glorieux ministère, un essai, un premier pas vers des réformes plus larges, plus décisives. Il n'avait fait que perfectionner le mal, il fallait le détruire ; il fallait faire dominer les principes qu'il n'avait fait qu'annoncer, et régénérer la France au lieu d'en alléger les maux. Aussi aux actes officiels de ce ministre correspond une partie confidentielle où son âme se montre tout entière ; où il s'entretient avec le roi seul du bien qu'ils souhaitaient tous deux. Disons donc en quelques mots ces nobles désirs de Turgot, et reconnaissons, d'après les débris qui nous en restent, que l'histoire de ce grand citoyen est plus glorieuse encore par ce qu'il a voulu que par ce qu'il a fait.

Si quelques mois d'une administration plus honnête et plus habile avaient suffi pour améliorer l'état des finances et pour relever le crédit, le mal était cependant trop grave, trop invétéré, pour qu'il pût désormais se guérir par des expédients et des demi-mesures, et pour que des réformes profondes ne fussent pas attachées au rétablissement de la richesse publique. Turgot conçut un plan dont la hardiesse était proportionnée à l'étendue des besoins,

Une noblesse à peu près exempte de fait ; un clergé offrant tous les cinq ans au roi un don gratuit ; un tiers état supportant tout le poids d'une multitude d'impôts publics et particuliers ; et, dans la répartition même de ces impôts, un manque absolu d'ordre et d'uniformité, des priviléges jusque dans la roture, telle était, on le sait, la constitution financière de la France sous l'ancienne monarchie, Loin d'être l'entretien en commun de la chose publique, les contributions n'étaient encore, en plein xviiie siècle, qu'un vieux droit de conquête, un tribut établi par la force sur la faiblesse, et qui s'était maintenu malgré le déplacement des forces.

Combien Turgot devait détester une telle inégalité ! Aussi ne cessait-il de la signaler au roi : au nom du pays comme un malheur public ; au nom de la raison comme une injustice manifeste ; enfin, au nom de l'histoire, comme une usurpation, qui n'avait pas même pour excuse l'ancienneté. En effet l'immunité des nobles avait été concevable au moyen âge, tant qu'elle n'avait été qu'une solde ainsi que le fief. Mais sur quel droit s'appuyait-elle depuis que la taille n'était plus seulement une contribution de guerre ; depuis que le peuple servait ; depuis que les nobles combattaient aux frais de l'État ; depuis qu'exempts de la taille ils l'étaient encore de la milice et même leurs valets. L'immunité de la noblesse n'était plus que la lutte du riche contre le pauvre, un privilége honteux pour ceux qui le possédaient, ruineux pour ceux qui en étaient exclus, et qu'il fallait se hâter de faire disparaître parmi toutes ces institutions dont les lumières du siècle rendaient le maintien impossible ! Que si Turgot déplorait ainsi l'exemption de la noblesse, combien plus devait-il déplorer celle du clergé qui, plus complète encore, ne reposait cependant que sur cette prétention jamais reconnue que la promotion effaçait en lui *la tache de la roture*, et qui donnait pour fondement à la cupidité une vanité si contraire au véritable esprit du christianisme.

Ce principe admis, restait encore à répartir sur tous des impôts parmi lesquels plusieurs ne pouvaient manquer de choquer fortement des préjugés qu'il était indispensable de ménager. Mais Turgot échappait à cette difficulté et ne pensait à rien moins qu'à changer la nature même de l'impôt. Les contributions indirectes avaient eu surtout pour but d'entamer les priviléges du clergé et de la noblesse. Il crut que le moment était venu d'agir sans détour et d'attaquer de front l'immunité, en établissant l'impôt unique que l'économie consacrait. Un cadastre nouveau et général devait pourvoir à l'assiette de cet impôt et mettre fin à tous les vices de l'ancienne répartition.

La conséquence la plus naturelle de ce plan de finances

était l'abolition ou le rachat de toutes les taxes féodales levées
par les particuliers au grand détriment des peuples et de
l'État, et que Turgot ne considérait aussi que comme une
usurpation. A l'État seul le droit de percevoir sur tous et
d'administrer des impôts destinés au bien-être de tous.
Ainsi la royauté allait reprendre contre la féodalité la lutte
interrompue et compléter la ruine du moyen âge.

Ces réformes suffisaient sans doute pour rétablir l'équilibre : mais il fallait aussi éteindre une dette énorme ; il
fallait créer à la France des ressources qui la missent
désormais en état de faire plus facilement face aux nécessités
du dehors et du dedans. Turgot comptait, pour atteindre
ce but, sur l'augmentation des revenus des domaines, sur
le produit de quelques aliénations, sur la suppression des
monastères inutiles au culte et à l'instruction, avant tout
sur l'adoption progressive des doctrines économiques. Plein
de confiance dans l'efficacité de ces mesures, il se flattait
d'entrevoir dans un avenir assez prochain, non-seulement
les finances réparées, mais toutes les provinces et tous les
peuples heureux et unis ensemble par les liens d'une amitié
indissoluble fondée sur une évidente communauté d'intérêts.

D'autres réformes, non moins importantes, mais d'un
autre genre, n'étaient que l'application des idées du temps
et une satisfaction donnée au xviiie siècle afin d'élever
le gouvernement au niveau de la nation qu'il devait diriger.
Telles étaient la liberté de conscience dont la première conséquence était le rappel des protestants ; la liberté de la
presse ; la sécularisation complète de l'administration par
l'établissement de registres civils ; la suppression d'un grand
nombre de couvents ; l'entretien du clergé par l'État ; la
promulgation d'un nouveau code criminel plus en rapport
avec la douceur des mœurs, et celle d'un code civil égal
pour tous, unique pour la France entière, qui mît fin à cette

déplorable diversité de lois et de coutumes qui faisait dire à Montesquieu que l'on changeait de lois à chaque relais, et détruisait par leurs contradictions toute idée de justice dans l'esprit des peuples.

Mais les lois ne sauraient décréter par elles-mêmes le bonheur des hommes : elles sont impuissantes sans les mœurs ; et le législateur le plus habile ne peut espérer un succès durable, s'il ne commence par s'emparer des intelligences, s'il ne les façonne à son gré pour les préparer à recevoir les semences qu'il y veut déposer. Turgot le savait bien, et convaincu qu'un lien intime unit les réformes matérielles et les réformes morales, il jugeait avant tout nécessaire de renouveler l'esprit même de la nation, et de créer une génération qui, imbue d'idées moins frivoles, libre des préjugés qu'il fallait détruire, fût capable de comprendre ses vues, de les appliquer, de les étendre après lui.

Or, trouvait-il dans ce qui existait alors de quoi le satisfaire à cet égard? Former quelques savants, quelques hommes d'esprit et de goût, tandis que tous ceux qui ne semblaient pas en état d'atteindre ce but étaient abandonnés à eux-mêmes ; tandis que toute la masse du peuple était livrée à une ignorance que quelques politiques osaient ériger en principe, tel semblait être, à vrai dire, l'objet unique de l'éducation. Combien Turgot le concevait-il autrement! Préparer à la France des hommes honnêtes et utiles, des âmes pures, des citoyens également instruits de leurs droits et de leurs devoirs, voilà quel était à ses yeux le fait d'un enseignement vraiment national, vraiment digne de ce nom. Les sciences et les arts n'étaient au prix de cela, qu'une glorieuse superfluité. Mais en parlant ainsi, un homme tel que Turgot ne pouvait être suspect de trahir les intérêts de l'intelligence. Il se flattait, au contraire, d'accélérer le progrès de ces hautes études, d'en relever la dignité, d'en vulgariser le culte, en leur donnant pour

base cette éducation solide de l'âme, ces principes sérieux
et précis sans lesquels on voit bientôt l'art languir, les
littératures s'énerver, les esprits perdre cette vigueur qui
seule les met à même de créer et d'apprécier tout ce qu'il
y a de grand et de noble. Tous devaient prendre leur part
aux bienfaits de la nouvelle éducation : le peuple dans les
écoles; les classes plus élevées dans les colléges; mais
d'après les mêmes règles, et sans autre différence que celle
du degré.

Ne croyons pas qu'en agissant ainsi Turgot fût tenté de
méconnaître l'heureuse influence de l'enseignement reli-
gieux. Il se plaît à le signaler, et sa philosophie lui laisse
toute sa justice. Mais un enseignement qui a pour objet
les grands principes de la morale et la transmission des
vérités divines peut-il suffire aux besoins infinis des sociétés,
et ne laisse-t-il pas en effet place à une autre éducation qui,
révélant aux peuples les lois de la morale sociale et la
science de la vie, prépare leur bonheur ici-bas, tandis
que la religion leur apprend les choses du ciel et les initie
à la félicité éternelle? Ainsi Turgot résolvait-il, et par cette
seule distinction, cette grande question de l'enseignement
public. Au clergé seul et sans partage le gouvernement
de la religion : mais aussi à l'État seul, comme le plus noble
de ses devoirs et le plus imprescriptible de ses droits, le soin
de répandre sur les générations dont le sort lui est confié
les lumières de l'éducation temporelle. Au premier la mission de former de bons chrétiens; mais au second celle de
former de bons citoyens. Cette mission glorieuse, il en in-
vestissait, au nom de l'État, un corps de professeurs laïques;
et, au-dessus d'eux, un conseil d'instruction publique dans
les mains duquel serait placée la direction exclusive et uni-
forme de l'enseignement séculier.

Turgot fondait de grandes espérances sur cette réforme.
Il la considérait même comme la plus importante, comme
celle qui pouvait *le mieux immortaliser* le règne de

Louis XVI. Dans dix ans, écrivait-il, la nation ne sera plus reconnaissable par ses lumières, par ses bonnes mœurs, par son zèle pour le service du roi et de la patrie : elle sera supérieure à tous les autres peuples. Mais c'était là, quel qu'il fût, un moyen lointain, dont les fruits ne pouvaient être que tardifs, et l'état présent de la France s'accommodait mal de tels délais. Turgot imagina donc une seconde institution qui, complétant celle-ci, devait faire l'éducation de la génération actuelle, pendant que s'élèverait pour l'avenir la génération naissante.

Turgot était trop éclairé, trop dédaigneux aussi des temps anciens, pour n'être pas partisan de l'unité, et pour ne pas reconnaître tous les avantages qu'en avait retirés la France au dedans comme au dehors. L'on peut même dire qu'à cet égard il alla plus loin que la plupart des grands esprits de son siècle, puisqu'il échappa presque seul à cette admiration, à cet engouement universel pour la constitution de l'Angleterre, dont Voltaire et Montesquieu avaient rempli la France. Fidèle au penchant des économistes pour la monarchie, il ne cessa de penser qu'aux époques de grande civilisation, la puissance législative offre moins d'inconvénients pour la liberté même entre les mains d'un seul homme que dans celles des assemblées ; parce qu'alors les lumières générales rendent également impossibles l'anarchie et le despotisme, et que le prince maintenu par l'opinion publique, instruit de ses véritables intérêts, se trouve puissant pour le bien et impuissant pour le mal.

Mais cette unité même, il ne la voulait pas illimitée, et ne croyait pas que la liberté et le pouvoir fussent inconciliables. Combien, au contraire, déplorait-il l'imprudence jalouse des gouvernements qui, au lieu de régner par des lois générales et d'exercer sur l'ensemble des choses une protection suprême, ne savent pas se borner, s'alarment à l'ombre de la moindre liberté, et ne pouvant rien souffrir hors d'eux-mêmes, prétendent régir souverainement tant

d'intérêts, tant de besoins, tant de facultés contraires ! A
ses yeux une telle unité n'était pas réelle ; elle n'établissait
l'ordre qu'aux dépens de la vie.

Il voulait donc que le gouvernement, après avoir renversé tout ce qui subsistait de l'ancienne féodalité, ne pro-
fitât de sa victoire que pour remettre spontanément entre
les mains de la nation les droits dont elle était depuis si
longtemps dépouillée ; et qu'au lieu d'étendre son action, il
songeât plutôt à la resserrer dans de plus étroites limites.
Il montrait à Louis XVI comme infaillible conséquence
d'une si sage abnégation : d'une part l'administration plus
simple, plus facile, plus éclairée, et l'autorité s'accroissant
par la liberté même ; de l'autre, les peuples devenus plus
heureux, se moralisant par le bonheur, ne voyant plus dans
le pouvoir un oppresseur, mais un père, l'esprit public à la
place de l'égoïsme, une patrie enfin donnée à tant
d'hommes qui n'en avaient pas réellement !

Restait le choix du moyen. L'ancienne constitution du
royaume semblait le renfermer. Les États généraux n'a-
vaient-ils pas donné des preuves incontestables de patrio-
tisme et d'habileté ? n'avaient-ils pas soutenu, dès leur naissance, les libertés de la France contre la théocratie de Boni-
face VIII ; fondé ensuite les grandes lois de la monarchie ;
réparé les désastres de la guerre de cent ans ; favorisé les
progrès de la royauté contre la féodalité renaissante ; et puis
tenté de la contenir elle-même, lorsque, après Louis XI, elle
menaçait de dégénérer en despotisme ? n'avait-on pas vu
enfin, à chaque réunion des États, la politique nationale
s'agrandir tout à coup, les idées de réforme et de liberté
se faire jour ? Mais, outre qu'ils étaient tombés en désué-
tude depuis que les rois croyaient pouvoir se passer d'une
tutelle qui les humiliait, Turgot se méfiait de ces assemblées si nombreuses, composées de trois ordres ennemis,
dont les droits n'avaient jamais été définis, dont la convo-
cation était arbitraire, et qui n'étaient après tout qu'une

représentation incomplète de la France. Il en rejeta l'idée.
Les États provinciaux, dont le duc de Bourgogne aurait
voulu rendre l'institution générale, et dont l'ami des
hommes vantait l'efficacité, lui plaisaient moins encore, malgré la prospérité relative des provinces où ils existaient,
et le mieux-être même qu'ils produisaient ne lui semblait
qu'un obstacle de plus au bien.

Le plan qu'il imagina, malgré l'existence antique des
municipalités, ne ressemblait en rien au passé non plus
qu'aux mille constitutions qu'enfanta l'esprit téméraire du
xviiie siècle. Il consistait dans une hiérarchie de municipalités qui, rattachant par un lien intime et continu chaque
paroisse à son arrondissement, chaque arrondissement à
sa province, enfin toutes les provinces à l'État, au moyen
d'une assemblée générale, donnât à chaque fraction du
royaume une part d'influence proportionnée à son im-
portance; et qui, faisant circuler la vie avec la liberté dans
tous les membres de ce grand corps, pourvût en même
temps aux intérêts particuliers et généraux des peuples.
Les attributions de ces assemblées devaient être et demeurer administratives. Mais purement locales au premier
degré, elles allaient s'élargissant au second et au troi-
sième, jusqu'à la grande municipalité, espèce d'assemblée
nationale, comme l'appelle prophétiquement Turgot, dont
la mission était de faire pour l'ensemble de la nation ce que
chaque assemblée secondaire ferait pour une partie du ter-
ritoire : c'est-à-dire répartir les impôts entre les provinces
d'après un cadastre nouveau et qui résulterait de la formation même de ces municipalités; voter les dépenses pour
les grands travaux; éclairer l'État sur les vœux et sur les
besoins du pays; enfin tenir en main l'administration générale de la charité publique, car Turgot ne séparait jamais
la philantrhopie du gouvernement. Cette grande assemblée
devait avoir chaque année une session d'un mois et demi.
Les autres deux d'une moindre durée, et disposées de telle

sorte que la première pût préparer et la seconde exécuter
les décisions du degré supérieur. Quant à la composition de
ces municipalités, fidèle aux doctrines de l'économie, Turgot n'y appelait que les propriétaires ; car seuls, à ses yeux,
ils offraient des garanties suffisantes de richesse, de lumières
et de zèle. Mais il ne les y appelait pas tous ; et, pour éviter le grand nombre, il joignait à la possession du sol
quelques conditions qu'il semblait juste d'ailleurs d'admettre dans une constitution qui reposait sur la fortune.
Chaque assemblée inférieure n'envoyait à l'assemblée supérieure qu'un député, qui y prenait rang sans acception de
naissance, mais d'après le nombre de voix qu'il représentait.

C'est donc sur cette intervention des peuples, sur cette
coopération de la nation, que Turgot comptait surtout pour
opérer les réformes que réclamaient si impérieusement et
l'esprit du siècle et la situation de la France. Rien ne lui
semblait plus aisé que de faire demander par ces assemblées
les réformes que souhaiterait le gouvernement, et de
donner ainsi à ces réformes un caractère plus libéral et
plus imposant. Mais si l'espoir que l'on mettait en elles était
déçu, si les lumières ou le zèle leur faisaient défaut, rien
n'était encore perdu, et la royauté, usant de sa toute-puissance, pouvait faire seule le bonheur de la France.

Telles sont, en quelques mots, les principales mesures
que Turgot soumettait à l'approbation du prince, et qu'il
croyait propres à guérir les souffrances du peuple, et à en
prévenir le retour. Il est temps de les juger sans craindre
de faire une large part à la critique, puisqu'elle ne saurait
atteindre l'intention, et qu'elle laisse hors de toute discus-
sion la vertu la plus pure, la philanthropie la plus profonde et la plus vive qui jamais ait été. Avouons donc que
parmi toutes ces réformes plusieurs offraient des résultats
bien douteux; qu'il crut trop à l'efficacité de certains principes, à la facilité d'éclairer les peuples, aux lumières de
la France. Nul n'est impunément de son temps; et dé-

pourvu comme tous ses contemporains des leçons de l’expérience, Turgot pouvait-il échapper complétement aux
illusions d’un siècle qui, rempli d’un dédain railleur pour
tout ce qui n’était pas lui-même, et n’admettant d’autre
règle que le droit naturel, vit le plus souvent les choses
sans les personnes, et s’imagina que le monde peut se reconstruire à neuf? Cependant, parmi tant de réformateurs
qu’enfanta cette époque, lequel se montra plus réservé que
Turgot? lequel se contenta de modifier l’administration au
lieu de renouveler la société jusque dans ses fondements?
et même après lui, Sieyès, qui cependant avait vu passer
sous ses yeux toute la révolution, n’imagina-t-il pas, au
commencement de ce siècle, une constitution plus arbitraire et plus hasardeuse? Sachons donc gré à Turgot de
cette timidité relative, et blâmons quelques détails sans
attaquer l’ensemble de ces réformes. Mais surtout n’ou-
blions pas qu’il voulait agir avec lenteur. Loin de croire
à la facilité de ses entreprises, il pressentait, sans s’en
étonner, toutes les résistances qu’il rencontrerait, et jusqu’au
malaise passager qu’elles pourraient causer. Seulement il
pensait que la modération doit être dans l’action, et que la
prudence doit se concilier avec le progrès. S’il ne demandait pas que l’on renversât aussitôt le vieil édifice, il voulait
tout préparer pour saisir le moment inévitable, et rendre
aussi insensible que possible la secousse du changement.

Ce qui ne pouvait manquer arriva. Au seul mot de réformes, tous ceux qui se sentirent atteints, tous ceux qui
craignirent de l’être, s’élevèrent contre le ministre et contre
la royauté, qu’ils prétendaient menacée. Toutes les vieilles
inimitiés s’effacèrent en présence du danger commun; et
c’est en vain que Turgot, fléchissant à regret ses principes,
essaya de gagner le clergé par des ménagements, et de
l’associer même à ses plans de bonheur public : cour, noblesse, épiscopat, finance, s’unirent instantanément.
Tous semblaient dire, avec un fermier général de ce temps :

Pourquoi donc innover? ne sommes-nous pas bien ? Ceux
qui, parmi les privilégiés, s'étaient montrés les plus fervents
adorateurs des doctrines nouvelles, qui si longtemps s'é-
taient parés du nom de philanthropes plus encore que de
leurs titres, ne furent pas les derniers à s'irriter dès que
sembla venir le moment de réaliser ces idées de félicité
universelle qu'ils avaient caressées comme des rêves inno-
cents. Ils avaient bien pu accepter Voltaire sceptique et
courtisan ; Rousseau même les avait divertis par l'étrangeté
de ses pensées et par l'éloquente âpreté de son langage ;
mais comment admettre chez un ministre ce qu'ils applau-
dissaient dans les salons? quoi donc ? La philanthropie allait
régner tout de bon ; il n'allait plus suffire d'aimer le peuple
en théorie? Alors le masque tomba de tous les fronts : tous
ces ardents philanthropes n'étaient plus que des privilégiés
opiniâtres.

Que pouvait opposer Turgot à tous ces corps soulevés
contre lui ? Les philosophes et les économistes, alliés im-
puissants, isolés, suspects, et avec eux quelques grands
seigneurs fidèles à la cause de la philanthropie. Mais devait-il avoir le roi? Tout l'avenir semblait enveloppé dans
cette question.

Nous arrivons ici à la partie la plus pénible de ce travail ; car nous touchons au moment où les illusions du
nouveau règne vont s'évanouir ; où l'espoir d'une concilia-
tion va disparaître ; où la révolution enfin, à laquelle il
semblait encore possible de creuser son lit , va grossir de
plus en plus jusqu'à ce qu'elle renverse les vaines entraves
que l'on aura tenté de lui opposer. Ce n'est plus seulement
Turgot que nous avons à juger, mais avec lui le malheureux
prince qui l'avait associé à ses bienfaisantes pensées. Mais
la gravité de l'histoire ne nous permet pas d'autre senti-
ment que celui d'une justice sévère, tempérée par la compassion que doivent inspirer tant de vertus inutiles !

Le choix du comte de Maurepas avait rendu incertaine

la régénération de la France : une seconde faute la rendit bientôt presque impossible.

En effet, si les plans de Turgot pouvaient s'accomplir, c'était du moins à la condition que la royauté, quelque peu usée depuis un siècle, conserverait avec soin toute la force que des circonstances récentes lui avaient donnée, et qu'elle se garderait bien d'affaiblir, en s'affaiblissant elle-même, le seul appui d'un ministre réformateur. Louis XVI ne le comprit pas, et séduit par une fausse lueur de justice et de libéralisme, il avait songé dès son avénement à rappeler le parlement. Il ne pouvait rien faire de plus funeste. Relever ce vieux corps qui depuis si longtemps tenait le pouvoir en échec, c'était, sans parler de tous les vices de l'ancienne organisation judiciaire renaissant avec lui, humilier la royauté qui trois ans avant l'avait renversé ; c'était rétablir d'une main le passé tandis qu'on innovait de l'autre ; c'était surtout organiser la résistance et constituer l'opposition en donnant aux ennemis du progrès une voix écoutée et populaire. Mais Turgot supplia en vain. En vain représenta-t-il au roi la nécessité de fortifier le pouvoir et de profiter, en l'améliorant, de la réforme opérée par Maupou : Louis XVI crut le satisfaire par quelques restrictions qu'il apporta à la puissance des parlements ; et en imposant à ses juges le serment d'être plus tranquilles, il se flatta d'avoir effacé les dernières traces des haines qui avaient agité le règne de son aïeul.

Bientôt on put voir qui avait raison. Le parlement, heureux d'une chute qui semblait un martyre, fier d'un rappel qui était un triomphe, se hâta d'oublier, au nom de l'intérêt national, les promesses qu'il avait faites. Il osa réclamer contre l'édit même qui le rétablissait ; et organisant en une ligue formidable les éléments encore épars de la résistance, il se constitua le défenseur obstiné de tout ce que Turgot voulait détruire. Dès lors la couronne retomba dans la poussière du greffe, la royauté eut à combattre au lieu d'ordonner, et l'on vit recommencer les plus mauvais jours de Louis XV.

Louis **XVI**, cruellement détrompé, avait cependant ranimé Turgot en lui disant *de compter sur lui*. Tous deux luttèrent en effet quelque temps ; et c'est durant cette lutte que le roi rendit à son ministre ce glorieux hommage qu'eux seuls aimaient le peuple. Bientôt même il lui donna pour second Malesherbes son ami, et le parlement fut contraint de s'humilier dans un lit de justice que Voltaire nomma lit de bienfaisance. Mais Louis XVI avait trop présumé de lui-même, et chaque jour de nouvelles épreuves ébranlaient son courage. Aux réclamations bruyantes du parlement qui le pressait *de mettre un terme aux débordements économiques*, venaient se joindre et les sourdes intrigues des ministres, et les supplications de sa famille, et les plaintes du clergé qui troublaient à la fois son esprit et sa conscience. Enfin le peuple lui-même, auquel il croyait se dévouer, semblait contraire à ses réformes. Dès le commencement du ministère de Turgot, l'émeute était venue pour la première fois l'assaillir dans son palais de Versailles : il avait été contraint de sévir ; et quelques jours après il avait parcouru Paris sans entendre les acclamations accoutumées. Louis XVI n'y résista pas. Le silence de ses peuples lui parut un avertissement. Il prit une émeute factice pour une manifestation de la colère publique, et se laissa imposer par l'ombre d'unanimité que produisait l'union momentanée de tant d'intérêts divers. Allait-il sacrifier à une expérience incertaine sa popularité, son bonheur, le repos même de sa conscience ? et si le peu qu'il avait fait soulevait une opposition si vive, comment entreprendre tant de réformes fondamentales conseillées par son ministre ? Toute la vertu de Turgot ne suffit bientôt plus pour le rassurer contre l'audace de ses doctrines. Il commença à douter ; et, séduit par tous ceux qui l'entouraient, il en vint à ne plus voir en lui qu'un idéologue, et à écrire sur le beau

mémoire qui concernait l'établissement des municipalités
que ce plan n'était qu'un beau rêve. La chute de Turgot était
désormais assurée : le moment seul en demeurait incertain.

Une autre cause vint sans doute l'accélérer. Parmi tous
les désirs que Louis XVI avait conçus à son avénement, le
plus vif peut-être était de réparer les hontes extérieures de
la France, et de rendre à son pays la place qu'il avait
perdue. Le soulèvement de l'Amérique semblait donc une
occasion magnifique : Louis XVI était fortement tenté
d'en profiter, et M. de Sartines l'y encourageait. Turgot
exprima une opinion contraire : non, certes, qu'il ne fît,
comme Français et comme philosophe, des vœux ardents
pour le triomphe des Américains. Il admirait la justice de
leur cause et leur héroïsme. Il voyait surtout avec joie s'é-
lever une nation toute neuve où la liberté pouvait germer
sans obstacles, et qui peut-être deviendrait le modèle de
l'ancien monde. Mais, comme ministre, il résista aux
penchants de son cœur ; et dans un mémoire plein de vues
que les événements ont vérifiées, il soutint que la France ne
pouvait avoir d'autre politique qu'une exacte neutralité.
Cette théorie, il la maintint : au nom de la prudence ; au
nom des finances ruinées ; au nom des réformes que la
guerre allait ajourner indéfiniment et peut-être rendre impossibles. Il ne doutait pas d'ailleurs que la France régé-
nérée ne remontât aussitôt à son rang. Mais qu'importaient
à ses ennemis les motifs de sa conduite ? ils l'avaient accusé
de livrer à l'Angleterre l'industrie nationale par l'abolition
des corporations : ils osèrent l'accuser de lui sacrifier l'honneur de la France ; et, partisans fanatiques de la liberté en
Amérique, ils ne cessèrent de presser le roi de suivre son
inclination et de donner, malgré tout, le signal de la croisade.

Cependant tout autre que Turgot eût pu se maintenir
encore. Mais il avait toujours vécu loin de la cour, et à
toutes ses grandes qualités il ne joignait pas cette connais-
sance des hommes, cette habileté de conduite et toutes ces

qualités secondaires qui sont souvent si nécessaires aux ministres et qu'il ne faut pas trop dédaigner, puisqu'elles peuvent contribuer au triomphe du bien. Confiant dans la puissance de la raison, il aurait cru l'abaisser en employant quelque détour pour la faire accepter : et convaincu que tous les ménagements qu'il pourrait prendre ne seraient utiles qu'à sa propre ambition, il ne s'en soucia nullement. Il laissa donc à ses ennemis toute liberté de l'attaquer : et en se contentant d'opposer ses bienfaits et son zèle à leurs attaques, il mérita jusqu'à un certain point le reproche de faire aussi mal le bien que Terray avait bien fait le mal. L'imprudence de ses amis qui ébruitaient ses desseins en les exagérant augmentait encore ses dangers par les craintes vagues mais énergiques dont se remplissaient tous les esprits. Aussi Turgot ne demeura-t-il bientôt plus au ministère que par conscience : afin que ses ennemis ne pussent pas l'accuser de se soustraire aux embarras qu'il avait créés; et ses amis d'avoir désespéré trop vite. Malesherbes s'était retiré : il attendit qu'on lui envoyât sa démission.

Enfin de honteuses intrigues vinrent décider sa chute, et le 12 mai 1776, Louis XVI lui fit durement signifier son renvoi. Tous ceux qui avaient craint des réformes firent éclater une joie bien glorieuse pour lui; et le peuple, auquel il s'était dévoué, demeura indifférent. Mais tous les esprits qui savaient pénétrer l'avenir éprouvèrent une douleur d'autant plus profonde qu'ils avaient espéré, et se remplirent de tristes pressentiments. Voltaire, qui avait applaudi à son élévation, qui l'avait soutenu de son style pendant son ministère, ne se signala pas moins par la vivacité de son admiration et de ses regrets. « Ah ! mon Dieu, quelle nouvelle ! s'écria-t-il, que deviendrons-nous? Je suis anéanti et désespéré. Sauve qui peut; je ne suis pas encore assez loin. » Lorsque quelque temps après ce glorieux vieillard fit à Paris ce voyage triomphal dont les émotions

épuisèrent le reste de sa vie, il baisa en les baignant de
ses larmes les mains qui avaient, disait-il, signé le bonheur du peuple.

Les événements se hâtèrent de prouver combien cette
douleur était légitime. Le pouvoir revìnt à ses anciens erre-
ments ; la routine reprit tout le terrain qu'elle avait perdu ;
et non contente d'arrêter le progrès, elle eut soin de détruire tout le bien que le novateur avait fait. Plus tard, il
fallut bien revenir aux plans qu'on avait traités de visions.
Mais l'occasion une fois manquée l'était sans retour : la
décadence devint plus rapide que jamais, et la France se
précipita vers une révolution totale.

Cependant Turgot n'avait pas eu peine à se consoler
de sa disgrâce, et la seule douleur qu'il en ressentit fut
de se voir si promptement justifié par les faits. Sans jamais
devenir étranger à la politique, puisqu'elle importe au
bonheur des hommes ; sans cesser de faire des vœux pour
que quelque autre réalisât, s'il était temps encore, ce qu'il
avait inutilement tenté, il retourna aussitôt aux paisibles
études qui avaient rempli toute la première partie de sa
vie. Il leur consacra ses loisirs, seul produit net, disait-il,
du temps qu'il avait passé au ministère ; et les sciences, la
philosophie, la littérature, firent tout le charme de sa retraite.
C'est alors qu'il conçut le plan d'un grand ouvrage qui,
répandant la lumière sur toutes les questions philosophi-
ques, devait mettre fin aux disputes des hommes et établir
dans le monde des idées la paix qu'il n'avait pu établir
dans les faits. Mais depuis longtemps la maladie épuisait
ses forces. Il mourut le 10 mars 1781, au milieu de la
vénération de tous ceux qui l'entouraient, partagé entre la
joie de voir l'Amérique libre et les appréhensions que lui
inspirait l'avenir de la France.

Avant de terminer ce travail, qu'il soit permis à l'his-
torien fidèle d'une si belle vie de payer un dernier tribut

d'admiration et de reconnaissance à l'une des mémoires les plus pures dont puisse, suivant lui, s'enorgueillir notre glorieux pays. La France, qui sans doute a produit de plus grands hommes, n'a peut-être rien produit de plus parfait que Turgot. Quel plus beau spectacle, en effet, que celui d'une grande âme qui, secondée par un esprit digne d'elle, mais sans autre force que celle de la vérité et de son dévouement, entreprend de lutter seule contre l'erreur et l'égoïsme ; et qui, sans désespérer jamais de la sagesse et de la félicité des hommes, sacrifie à cette espérance, à cette illusion sublime, repos, bonheur, gloire même? Elle succombe dans ce duel inégal et se retire bientôt vaincue par la force des choses. Mais tandis que ses ennemis l'insultent, tandis qu'ils nomment orgueil son dévouement, son audace folie, tous les sages conviennent qu'une telle chute est une de ces défaites triomphantes où le vaincu perd moins que le vainqueur, et qui méritent tous les hommages que les hommes réservent aux heureux. Osons aujourd'hui faire davantage : osons exalter une telle chute au-dessus du succès même, et chercher dans l'impuissance de ces grandes âmes la marque la plus incontestable de leur supériorité. Combien, en effet, faut-il de génie pour apercevoir seul la vérité; de courage pour tenter seul d'en assurer le triomphe? et l'insuccès même ne rehausse-t-il pas l'éclat d'une pareille entreprise, puisque celui qui y succombe n'expie en tombant que le tort d'avoir trop devancé son siècle?

Mais non : Dieu n'a pas voulu que le génie et la vertu fussent stériles, et ce n'est pas en vain que ces hommes illustres prodiguent leurs lumières et leur dévouement. Inutiles à leurs contemporains, ils servent à leurs neveux et apparaissent dans l'histoire comme les bienfaiteurs et les ministres de l'avenir. Telle fut la destinée de Turgot. Il ne lui fut pas donné de guérir lui-même les maux de la France : tout ce qu'il avait fait sembla disparaître après lui, et ses ennemis s'applaudirent d'avoir effacé jusqu'aux dernières traces du novateur. Mais ils se trompaient. Il resta de lui ce que nul ne pouvait détruire et ce qui devait un jour vaincre ses vainqueurs mêmes : une tradition. Il ne fit que passer, mais son passage avait fait entrevoir le bien, et la doctrine des progrès qu'il avait inaugurée ne périt pas avec lui. Elle fut recueillie par un parti nombreux qui, se fortifiant par ses défaites mêmes, ne cessa de la répandre jusqu'au jour marqué pour son triomphe. Tous ces vagues désirs de réformes et de liberté, qui depuis longtemps fomentaient au fond des esprits, acquirent chaque jour plus de précision et de netteté : et la nation, qui n'avait pas compris Turgot, songea bientôt à réaliser elle-même ce qu'il avait essayé en vain. Ses amis et ses disciples furent les premiers chefs de la révolution, qui sembla d'abord prendre son ministère pour programme et poussa la fidélité de l'imitation jusqu'à copier ses erreurs. Qu'a-t-il voulu en effet que n'ait proclamé la déclaration des droits de l'homme, que n'ait entrepris l'assemblée nationale? Mais il était déjà trop tard : les réformes qui eurent lieu alors n'étaient plus une concession, mais la première victoire de la nation. Aussi elle ne s'arrêta pas là, et poursuivant son succès, elle se mit à tout prendre parce qu'on lui avait tout refusé. Dans ce naufrage universel, la royauté même, qui pouvait s'affermir en se modifiant, succomba pour n'avoir pas voulu diriger une révolution dont elle reconnaissait depuis si longtemps la nécessité.

FIN.